I0035344

ÉTUDE THÉORIQUE ET PRATIQUE

SUR

LES DROITS DU PRENEUR

ET LEUR NATURE

SUIVIE D'UN APERÇU

SUR

LE DROIT DE MARCHÉ

EN SANTERRE (PICARDIE)

PAR

René BRIÈRE

JUGE SUPPLÉANT AU TRIBUNAL CIVIL DE CLERMONT (OISE)
DOCTEUR EN DROIT

———

PARIS

A. MARESCQ AINÉ, LIBRAIRE-EDITEUR

20, RUE SOUFFLOT ET 17, RUE VICTOR COUSIN

———

1877

POT LEGA
0101
35
1877

ÉTUDE THÉORIQUE ET PRATIQUE

SUR

LES DROITS DU PRENEUR

ET LEUR NATURE

8° F
603

CLERMONT-DE-L'OISE. — IMPRIMERIE A. DAIX, 27, RUE DE CONDÉ

ÉTUDE THÉORIQUE ET PRATIQUE

SUR

LES DROITS DU PRENEUR

ET LEUR NATURE

SUIVIE D'UN APERÇU

SUR

LE DROIT DE MARCHÉ

EN SANTERRE (PICARDIE)

PAR

René BRIÈRE

JUGE SUPPLÉANT AU TRIBUNAL CIVIL DE CLERMONT (OISE)

DOCTEUR EN DROIT

PARIS

A. MARESCQ AINÉ, LIBRAIRE-ÉDITEUR

20, RUE SOUFFLOT ET 17, RUE VICTOR COUSIN

—

1877

INTRODUCTION

—

Les règlements sur le louage doivent être simples, clairs et précis disait Jaubert au Corps législatif. Ces qualités à la vérité conviendraient bien à tout règlement ; mais elles paraissaient, sans doute, à l'orateur du Tribunat particulièrement désirables pour le louage, parce que ce contrat est des plus répandus et presque indispensable à toutes les classes de la société. Est-il si grand propriétaire, si modeste artisan qui n'en applique les règles ?

Le titre du louage est, en effet, dans son ensemble, d'une intelligence facile ; aussi n'a-t-il point le privilége d'attirer spécialement l'attention et les études les plus savantes des jurisconsultes.

Mais nous n'entendons pas dire par là qu'il ne présente aucun point de vue délicat et intéressant. Quiconque se flatterait d'écarter toute difficulté même du sujet le plus simple, risquerait de passer pour l'avoir peu pénétré. Celles que l'on rencontre dans la matière du louage naissent spécialement à propos des droits du preneur. Ce sont ces principales questions que nous avons réunies et essayé de résoudre.

1

La portée de l'innovation introduite dans nos lois anciennes par l'article 1743 du code civil méritait d'occuper une large place dans notre exposé ; la question de la nature des droits du preneur n'a-t-elle pas sérieusement préoccupé la doctrine et divisé la jurisprudence ? C'est ici surtout que nous avons fait de ce travail une étude pratique en même temps que théorique. La controverse que nous agitons offre, en effet, dans la jurisprudence, un véritable intérêt ; les conséquences les plus importantes, les solutions les plus opposées s'y rencontrent ; et elles sont commandées par le parti qu'ont pris les magistrats sur une pure question de doctrine. Rarement, peut-être, l'étude des principes n'a plus complétement manifesté son utilité dans le domaine de la pratique.

Nous ne nous sommes pas uniquement préoccupé des difficultés ; mais nous avons relié celles-ci entre elles, dans un exposé général des droits du preneur. Ce procédé a l'avantage de présenter un ensemble assez complet et de montrer nettement l'origine, l'importance et les aspects possibles des questions étudiées, éléments toujours précieux pour la discussion.

Nous nous sommes attaché à bien mettre en relief les principes qui régissent les rapports du bailleur avec le fermier ou locataire. Ce sont eux, en effet, qui éclaireront les détails laissés dans l'ombre, détails qui peuvent, avec les conventions, varier à l'infini.

Nous avons terminé ce travail par l'examen d'un usage singulier nommé « *Droit de Marché* ». Ce droit que les fermiers du Santerre revendiquent avec une tenacité caractéristique était, jusqu'à ces derniers temps, très peu connu en dehors de la Picardie.

Mais aujourd'hui il paraît attirer l'attention de plus loin. En effet, nous avions depuis peu achevé la rédaction des quelques pages que nous lui consacrons, qu'il faisait l'objet d'un mémoire présenté à l'Académie des Sciences morales et politiques par M. Lefort, avocat à la cour d'appel de Paris. C'est pour nous un honneur, en même temps qu'une préoccupation, de tenter quelques recherches sur un sujet traité par M. Lefort dont les études sur l'histoire de la propriété ont déjà été couronnées par l'Institut.

Les tribunaux ont eu souvent à se préoccuper du droit de marché, et encore que la jurisprudence, en ce qui le concerne, ne montre aucune incertitude, il nous a semblé qu'un légitime intérêt de curiosité juridique le recommandait à notre attention.

DES DROITS DU PRENEUR

ET DE LEUR NATURE

CHAPITRE PREMIER

NATURE DES DROITS DU PRENEUR

SECTION PREMIÈRE

Nature des droits du Preneur selon : 1° le Droit romain, 2° le Droit ancien, 3° le Droit intermédiaire. — Loi de 1791.

Les innovations sont rares dans le droit privé ; parfois on modifie seulement, et souvent on continue les traditions du passé ; aussi doit-on fréquemment remonter à ces sources pour rencontrer la pensée exacte du législateur. C'est ce que nous allons faire au début de ce travail, pour rechercher quelle est la nature des droits conférés aux fermiers ou locataires. Question importante au double point de vue théorique et pratique, et dont la place est naturellement indiquée au commencement d'une étude sur les droits du preneur.

En raison de son extrême utilité, le contrat de louage est depuis longtemps soumis à des règles déterminées avec précision. Dès lors, un examen même rapide de notre question, dans les lois qui ont précédé et pour ainsi dire élaboré la nôtre, devra nous être d'un réel profit.

L'une des plus intéressantes solutions de la matière du louage, en droit romain, se trouve au code de Justinien, liv. 4, t. 65 dans la loi 9, aux termes de laquelle l'acquéreur d'un fonds affermé pouvait, au moins en principe, expulser le colon. Celui-ci, du reste, jouissait vis-à-vis de l'acheteur d'une indépendance égale, et ne devenait pas son fermier malgré lui.

De cette disposition, incontestablement mauvaise dans ses conséquences économiques, il n'est pas difficile de donner la justification au point de vue juridique.

En effet, la rigueur des principes, dont les jurisconsultes romains se montrent si scrupuleux observateurs, n'établit entre le *locator* et le *conductor* que des rapports réciproques de créancier à débiteur. Donc chacun d'eux n'est investi que d'un droit purement personnel. Mais l'acquéreur de l'immeuble, entièrement étranger à ces liens d'obligation, peut exercer sans entraves son domaine sur le fonds qui lui appartient, et méconnaître toute prétention de jouissance invoquée par le locataire. L'un possède en effet le droit réel le plus absolu, la propriété, tandis que l'autre ne possède qu'un droit personnel. Telle est en résumé la doctrine romaine. Mais rien ne s'opposait à l'insertion d'une clause qui obligeât l'acquéreur à respecter les droits du *conductor*. L'acheteur succédait alors aux obligations du *locator*. Ainsi le *conductor* conservait la jouissance de la chose et n'avait point de recours à exercer contre le bailleur pour inexécution du contrat. On comprend que les avantages d'une clause si prudente, en firent fréquemment adopter l'usage.

La nature du droit du preneur ne fut pas modifiée dans l'ancien droit : Pothier (au n° 285 de son traité du contrat de louage) ne permet aucun doute à cet égard : « Le droit du *conductor*, dit-il, n'est qu'un droit de créance personnelle contre la personne du *locator*, c'est seulement un *jus ad rem* ; c'est pourquoi la tradition qui est faite de l'héritage au locataire ne lui transfère aucun droit dans la chose, et pas même la possession de la chose. » Ces principes entraînaient évidemment l'application de la loi 9, *Emptorem*, mais quelques exceptions étaient admises.

Ainsi cette loi ne s'appliquait pas, nous venons de le voir, quand le vendeur avait imposé à l'acquéreur la clause d'entretien du bail, ou même, en l'absence de cette clause, si le bien vendu appartenait au fisc, ou même, selon quelques docteurs, à l'Église.

Pothier pense que la reconnaissance oblige celui qui a acquis un héritage à titre de donation entre-vifs à entretenir le bail, même si l'acte de donation est muet à cet égard ; il doit en effet éviter à son bienfaiteur un recours en garantie de la part du fermier. Enfin, quand l'acquéreur prétendait user de son droit d'expulser le fermier ou locataire, il devait au moins le laisser jouir pendant l'année courante, et ne pas l'expulser en surterme. Cette obligation procède nécessairement de la loi, puisque, successeur à titre particulier, l'acquéreur reste étranger aux obligations de son vendeur, et que personnellement il n'a contracté aucun engagement vis-à-vis du fermier.

Faut-il ranger parmi les exceptions le cas où la durée du bail excède neuf années ? Nous pensons qu'on ne saurait le faire sans commettre une erreur. Il est exact en effet que les baux de dix ans confèrent souvent au preneur un droit réel, et le mettent par conséquent à l'abri de la règle *emptor non tenetur stare colono* ; le motif en est que ces baux sont présumés baux à rente. Dans ce cas le crédit-rentier a aliéné la propriété et retenu la rente, n'assumant d'autre obligation que celle de la garantie et non pas celle de procurer la jouissance. Toutefois, remarquons que les choses ne se passent ainsi que si la nature de la convention intervenue entre les parties est douteuse ; mais, comme dit Pothier, « si les parties avaient expressément déclaré qu'elles n'entendaient faire qu'un simple bail à loyer ou à ferme, le bail, quoique fait pour un temps plus long que celui de neuf ans, ne sera réputé qu'un bail à ferme ou à loyer entre les parties contractantes. » Rien ne nous autorise donc à croire, quand le bail de plus de neuf ans ne devient pas bail à rente, que le droit du fermier ne reste pas purement personnel et soumis à la loi *Emptorem*.

Ajoutons enfin, en ce qui concerne le droit ancien, que dans les exceptions signalées à la loi *Emptorem*, les jurisconsultes ne voient pas que le droit du locataire cesse d'être personnel.

Les législateurs du droit intermédiaire, préoccupés d'assurer la situation des fermiers de biens ruraux, rendue précaire par suite de la faculté d'expulsion laissée à l'acquéreur, introduisirent une innovation. La loi sur la police rurale des 28 septembre-6 octobre 1791 (tit, I, sect. I, art. 2 et 3) disposa qu'à défaut de convention contraire, le bail d'un bien rural, de six années et au-dessous, ne pourrait en cas de vente du fonds être résilié que de gré à gré. Quant aux baux excédant six ans, le nouvel acquéreur pouvait en exiger la résiliation, sous la condition de cultiver lui-même sa propriété, mais en signifiant le congé au fermier au moins un an à l'avance, et en le dédommageant au préalable, à dire d'expert, des avantages qu'il [aurait retirés de son exploitation continuée jusqu'à la fin du bail.

Ainsi la règle *emptorem necesse non est stare colono* ne s'applique pas aux baux d'héritages ruraux d'une durée inférieure à six ans ; et elle s'applique encore à ceux d'une plus longue durée, mais sous certaines conditions.

Avons-nous seulement à enregistrer ici une nouvelle exception à la règle jusqu'alors usitée, ou faut-il constater un abandon des principes traditionnels et l'introduction d'un principe nouveau, la collation d'un droit réel, au preneur ? Cette dernière alternative ne saurait se soutenir, à notre avis.

Nous avons vu en quoi consiste l'innovation apportée par la loi de 1791 ; pour en apprécier sainement la portée, voyons rapidement ce qu'elle conserve :

Elle laisse intactes les règles préexistantes sur les baux des maisons ; elle n'édicte que des restrictions accessoires concernant les baux d'héritages ruraux, supérieurs à six ans, et à leur égard conserve en principe la loi *Emptorem*. Elle ne l'abroge donc qu'en ce qui concerne les baux à ferme d'une durée moindre de six ans.

Peut-on voir, dans une décision aussi limitée quant à ses effets, l'abrogation d'un principe traditionnel ? Pour qu'il en fût ainsi, n'était-il pas nécessaire de déclarer qu'il ne s'agissait plus d'une exception ajoutée à celles que recevait déjà la loi *Emptorem*, mais de la consécration d'une idée nouvelle ? Procéder autrement ce serait transformer, pour ainsi dire, à la dérobée, la nature des droits du preneur. Du reste, une telle réforme aurait pour effet d'introduire une anomalie étonnante dans notre législation.

En effet, suis-je locataire d'une maison ? je n'ai qu'un droit personnel ; suis-je locataire d'un fonds rural, et mon bail excède-t-il six années ? je n'ai qu'un droit personnel ; mais s'il ne dépasse point six années, mon droit est réel ! Pourquoi ? Comment expliquer cette métamorphose ? Serait-ce parce que mon droit s'éteint plus vite ? Mais au contraire, plus sera étendu mon droit à la jouissance, plus il paraîtra se rapprocher du droit réel. Mais c'est alors qu'il reste personnel. Nouvelle anomalie ! Nous ne pouvons charger ainsi gratuitement la responsabilité du législateur.

Ajoutons enfin que la loi de 1791 n'exige pas, pour que le preneur bénéficie de son innovation, qu'il ait été mis en possession. Or, à cette époque, par la seule convention, sans tradition, on n'acquérait pas de droits réels ; cette considération n'est-elle pas des plus graves en faveur du droit personnel ?

Nous concluons donc que la série des actes législatifs antérieurs au Code civil a transmis intacte aux droits du preneur, la nature qu'ils tiennent du droit romain.

SECTION II

Nature des droits du preneur dans le Code civil.

§ 1. — LE DROIT DU PRENEUR EST PERSONNEL ET MOBILIER.

Nous avons établi que, sous le droit intermédiaire, la nature des droits conférés au preneur par le contrat de louage était restée ce qu'elle était dans le droit ancien et dans le droit romain. Notre législateur a-t-il innové sur ce point ? Telle est l'importante question qui occupera une large partie de ce travail. Devant elle, les auteurs et la jurisprudenee se sont divisés en plusieurs camps ; le droit réel du preneur a eu ses partisans, le droit personnel en compte de nombreux (1). Avant d'agiter nous-mêmes cette question, et pour montrer comment elle a pris naissance, nous devons ajouter quelques mots encore.

Nous avons déjà indiqué que la règle *emptorem necesse non est stare colono* avait des conséquences économiques fâcheuses. Le locataire, et particulièrement le fermier, se trouvaient sans cesse menacés d'expulsion, un acquéreur pouvant se rendre maître du bien

(1) En faveur de cette opinion : Demolombe, IX, 492 ; — Demante, *Progr.*, III, nº 432 ; — Valette, *Privil. et Hypoth.*, p. 195 ; — Pont, *id.*, nº 385 ; — Labbé, *Observat. pal.*, 1859, 776 ; — Ferry, Championnière et Rigaud, et autres.

′ affermé. De là recours et procès contre le bailleur ; de là aussi inquiétude et parcimonie fâcheuse dans l'exploitation du fermier ; il craint en effet de ne pas profiter des dépenses à faire pour la culture de sa terre : un autre que lui recueillera peut-être le fruit de ses travaux! Cette éventualité n'excite-t-elle pas souvent chez l'habitant des campagnes une plus grande préoccupation que la perspective d'une perte à éviter? Le remède à cette situation était dans la clause d'entretien du bail imposée à l'acquereur ; mais qui en garantissait l'insertion au fermier lorsqu'il entrait dans la ferme, au locataire quand il prenait à bail un établissement commercial et industriel? Il était à la merci de la négligence ou de la mauvaise volonté du bailleur. La loi de police rurale des 28 septembre et 6 octobre 1791 avait tenté la réforme sur une étendue très-limitée, comme pour essayer le système nouveau que le législateur de 1804 aborda franchement.

Rayant de nos codes l'antique loi *Emptorem*, il déclara, dans l'article 1743, que « si le bailleur vendait la chose louée, l'acquéreur ne pourrait expulser le fermier ou locataire qui aurait un bail authentique, ou dont la date serait certaine, à moins qu'il ne se fût réservé ce droit par le contrat de bail. » Le droit du locataire est donc opposable à l'acquéreur, c'est-à-dire à un tiers ; n'est-ce pas là un droit de suite? Et alors le droit du preneur n'est-il pas réel? Mais ce droit réel n'est-il pas immobilier? Ces questions s'enchaînent. Le droit du preneur jusqu'à la rédaction du Code était personnel ; nous l'avons montré. Depuis il est demeuré tel ; nous allons essayer de l'établir.

Les arguments les plus graves que l'on pourra diriger contre notre opinion seront certainement tirés de l'article 1743. Nous allons examiner d'abord si cet article considéré isolément confère nécessairement un droit réel au preneur. Si nous n'acquérons pas cette certitude, nous chercherons autre part nos motifs de décision.

Comme le fait remarquer M. Ferry dans un des articles qu'il fit paraître dans la *Revue étrangère et française de législation*, etc., l'article 1743 est pour ainsi dire la reproduction symétrique de la L. 9, C. *locato,* mais en sens inverse, l'exception devient la règle et réciproquement. La loi romaine dit à l'acquéreur qu'il pourra, à moins de convention contraire, expulser le preneur, et la loi française, qu'il ne le pourra point, à moins de convention contraire. Quand la convention « *nisi ea lege emit* » prévue par la loi 9 était insérée, les jurisconsultes voyaient-ils que la nature du droit du preneur fût modifiée? Croyaient-ils qu'elle le fût quand les biens appartenant au fisc restaient affermés nonobstant toute acquisition postérieure et l'absence de la clause d'entretien du bail, c'est-à-dire dans une situation entièrement semblable à celle de l'article 1743? Ils ne prétendaient pas alors que le droit du locataire fût changé; ils ne le prétendaient pas davantage dans les autres exceptions à la loi *Emptorem* que nous avons signalées. Aujourd'hui ces exceptions sont généralisées, est-ce un motif *décisif* de modifier la solution admise jusqu'alors? Non, à notre avis.

Il eût été anormal jadis de voir aux mains du preneur

un droit tantôt réel et tantôt personnel selon que la clause d'entretien du bail était ou non insérée. Aussi le droit restait-il toujours personnel. Ne serait-il pas également anormal aujourd'hui de voir ces changements dans la nature du même droit, selon que l'exception autorisée par l'art. 1743 serait ou non acceptée par le locataire? Pourquoi changer la nature d'un droit parce que celui qui en est investi tient de la loi ce que lui accordait autrefois une convention privée?

Au premier abord, l'article 1743 ne commande donc nullement la concession d'un droit réel au preneur, et rien n'y annonce l'introduction de ce changement.

Mais ce serait suivre un procédé d'interprétation incomplet et dangereux que d'examiner un article du Code sans se préoccuper de l'étude du contexte et des dispositions étrangères qui peuvent refléter la pensée du législateur. Nous éviterons cette faute en portant nos recherches en dehors de l'article 1743.

Toutefois, avant d'interroger d'autres textes, examinons si nous pourrions justifier notre système au point de vue des principes.

Comment expliquer qu'un droit de créance acquis par le locataire contre le bailleur devienne opposable au tiers acquéreur? Il semblerait bien impossible de justifier ce résultat par la seule idée d'une convention tacite intervenue entre le bailleur et l'acquéreur, car une stipulation contraire devrait alors pouvoir la remplacer et la paralyser. Il n'en est rien cependant si le preneur n'acquiesce pas, ou dans son bail n'a pas acquiescé, à son expulsion par le tiers acquéreur. Il faut nécessairement recourir à une autre source d'obligation que la convention, à la loi. Cette idée n'a point du reste la prétention d'être nouvelle, elle a même celle de ne l'être pas.

Pothier l'indiquait déjà en recherchant comment, en cas d'aliénation d'un immeuble affermé, l'acquéreur pouvait se voir opposer pendant un an le droit du locataire (*du louage* n° 297). Cette question est tout à fait semblable à la nôtre : l'acquéreur se trouve obligé de maintenir tous les droits du preneur, mais il devient en même temps créancier des obligations. Quand le bailleur aliène l'immeuble loué, l'acquéreur supporte la jouissance du locataire et perçoit les loyers ou fermages. Comment jouit-il de ce droit? N'est-ce pas parce qu'il est mis aux lieu et place du bailleur, son auteur? S'il en est ainsi au point de vue actif, pourquoi n'en serait-il pas de même au point de vue passif? Il n'y a rien, du reste, dans cette intervention de la loi qui doive nous étonner, quand nous la voyons déjà admise par Pothier, quand la protection d'intérêts si importants la justifie : ceux des parties contractantes par l'exécution complète de leurs conventions, ceux de l'ordre public par la suppression d'une cause fréquente de procès, ceux de l'agriculture et de l'industrie par la sécurité de leurs entreprises.

Le Code lui-même ne confirme-t-il pas cette manière de voir par les exemples qu'il nous fournit? L'art. 595 C. civ. ne nous montre-t-il pas des baux passés par l'usufruitier obligeant le propriétaire après l'extinction de l'usufruit? Ne voyons-nous pas le vendeur qui exerce son droit de réméré, méconnaissant les charges et hypothèques dont l'acquéreur a grevé son immeuble, obligé cependant d'exécuter des baux passés sans son concours? (Art. 1673.) Remarquons que ni le nu-propriétaire ni le vendeur à réméré ne sont ayant cause du bailleur. L'obligation dont ils sont tenus dérive certainement de la loi. Dès lors serons-nous surpris de constater encore l'intervention légale dans les rapports de l'acheteur et du vendeur en faveur de l'entretien du bail passé par ce dernier? Pour qualifier ce phénomène juridique, certains auteurs emploient l'expression de subrogation légale; nous préférerions peut-être celle d'association légale. La première, en effet, est employée habituellement pour désigner la substitution d'un créancier à un autre. Or, ici, nous n'avons pas ce fait unique à retenir. L'acquéreur devient bien créancier des fermages à la place du bailleur, mais, en outre, il devient aussi débiteur de la jouissance vis-à-vis du preneur, sans que pour cela le bailleur soit libéré de ses obligations ; car un débiteur ne peut, sans l'agrément de son créancier, se décharger de sa dette, en se substituant un débiteur à son choix. L'art. 1743 n'indique aucune dérogation à ce principe. Il nous paraît donc exact de dire que l'acquéreur est associé par la loi aux obligations du bailleur.

Dans le système du droit personnel, une autre explication de l'article 1743 a encore été présentée. MM. Aubry et Rau voient dans cette disposition du code une extension de la maxime: *nemo plus juris in alium transferre potest quam ipse] habet*. Cette maxime, qui ne s'appliquait autrefois qu'aux conflits entre droits réels, serait étendue aujourd'hui à l'hypothèse où un propriétaire a seulement limité l'exercice de son droit de propriétaire par la concession d'un droit personnel de jouissance.

Malgré la puissante autorité de ces auteurs, nous n'admettons pas une telle solution ; car nous croyons difficile de la concilier avec les principes. Un droit personnel n'engendrant qu'un rapport de créance ne peut enrichir ni dépouiller personne d'un droit quelconque sur un objet. En effet, si je suis obligé à vous faire avoir telle chose ou tel droit, c'est que vous êtes complétement étranger à cette chose ou à ce droit; j'ai par conséquent conservé dans toute son intégrité mon domaine sur la chose, et rien, dès lors, ne m'empêche de contracter une seconde obligation semblable à la première. J'ai conservé cette chose intacte, et si je l'aliène, l'acquéreur devra la recevoir entière. En un mot, notre maxime ne nous semble pas s'appliquer aux conflits s'élevant entre droits personnels, ou entre droits personnels et droits réels. Pour expliquer l'article 1743 en conservant au preneur un simple droit personnel, nous nous référerons donc à l'idée d'une subrogation légale ou d'une association légale de l'acquéreur aux obligations du bailleur.

Nous devons maintenant rechercher si, en dehors de l'article 1743, les textes que nous rencontrerons peuvent modifier la solution que nous fit entrevoir notre aperçu historique.

L'article 1709 contient la définition du louage. Si quelque innovation a été introduite dans la nature des droits des parties, le législateur devait vraisemblablement l'indiquer en cet endroit. Nous retrouvons la définition donnée par Pothier : « Le louage des choses est un contrat par lequel l'une des parties s'oblige à faire jouir l'autre d'une chose pendant un certain temps. »

Dans l'article 1719 apparaît la même idée : le bailleur est obligé de faire jouir le preneur pendant la durée du bail.

Ainsi, une obligation, un droit de créance naît du louage, et nous ne voyons pas la moindre allusion à un droit réel. Si, comme le fait justement remarquer M. Ferry (*loc. cit.*), le bailleur est obligé de faire jouir le preneur, c'est que celui-ci n'a pas par lui-même le droit de jouir ; et comment, si le preneur possède ce droit, le bailleur qui s'en est dépouillé pourrait-il encore en faire jouir le cessionnaire ?

Poursuivant notre examen, ne voyons-nous pas le bailleur obligé d'entretenir la chose louée (art. 1719), de garantir les cas fortuits qui perdent les fruits (art. 1769), de souffrir une diminution de prix pour défaut de jouissance partielle (art. 1722)? Ces solutions s'expliquent naturellement dans la théorie du droit personnel. Mais dans celle du droit réel, il en serait différemment. En effet, la concession du droit réel n'impose au concédant aucune obligation de faire. Celui-ci subit au profit du nouveau titulaire la suppression ou la diminution de son droit, et rien n'est plus logique. Le propriétaire qui grève son fonds d'un droit de servi-

tude aura-t-il d'autre obligation que celle qui incombe
à tout le monde, cette obligation négative qui consiste
à respecter le droit d'autrui ? Mais si l'usufruitier, par
exemple, récolte mal, si la maison ou la ferme soumises à l'usufruit tombent en ruine, celui-ci pourra-t-il
exercer un recours contre le propriétaire ? Évidemment,
non ; les principes et la loi nous dictent la réponse. On
ne voit point comment en vertu d'un droit réel le preneur pourrait réclamer l'exécution des obligations qui
incombent au bailleur.

Comparons encore à d'autres points de vue les droits
du preneur et de l'usufruitier. Si ce dernier trouve que
les charges d'entretien et de réparation qui le concernent sont trop onéreuses, il peut abandonner sont usufruit ; n'est-on pas toujours libre de renoncer à un droit ?
Le preneur mécontent de son exploitation pourrait-il
dire au bailleur : Je vous payerai les loyers aux termes
convenus, mais je renonce à occuper vos bâtiments et
à cultiver votre terre ? Nous ne le pensons pas ; le preneur est obligé d'entretenir le bail vis-à-vis du bailleur,
comme celui-ci en est tenu vis-à-vis de celui-là. Si le
preneur ne peut délaisser, c'est qu'il n'est pas tenu
seulement *propter rem*, mais *propter obligationem*.
L'intervention du droit personnel devient encore ici
nécessaire.

Au point de vue du droit fiscal et du droit politique,
nous suivrons encore entre le droit du preneur et celui
de l'usufruitier un parallèle dont nous tirerons avantage. Ces arguments tirés des harmonies de la législation, comme les appelle élégamment M. Labbé (dans

une savante note insérée au *Journal du Palais*, p. 776),
sont intéressants à recueillir.

L'élévation des droits proportionnels est en raison
des avantages que procure le droit à l'occasion duquel
ils sont perçus ; les droits personnels, offrant moins de
sécurité que les droits réels, acquittent des droits moins
élevés. Si nous comparons le tarif en matière d'usufruit
et en matière de louage, nous constatons des différences
correspondant à celle que nous relevons dans la nature
de ces deux droits. Depuis la rédaction du Code, les
modifications apportées au tarif n'ont fait qu'accentuer
l'écart que nous signalons et par conséquent augmenter
la force de l'argument.

Si nous passons de la matière de l'enregistrement à
celle des contributions foncières, nous voyons que cet
impôt est assis spécialement sur les fruits et revenus
des immeubles ; aussi est-il à la charge du propriétaire
et de l'usufruitier. Mais, comme le dit M. Laferrière
(*Cours de droit pub. et admin.*, 1854, t. II, p. 177),
« les locataires et fermiers ne sont pas personnellement
obligés au payement de l'impôt... Le trésor ne peut
agir contre eux que comme détenteurs des récoltes
affectées à l'impôt, mais ils imputent la somme payée
sur le prix de ferme dû au propriétaire. » Nous nous
demandons comment donner raison de cette différence
entre la situation de l'usufruitier et celle du preneur, si
leurs droits sont de même nature ?

Faisant enfin un dernier rapprochement entre ces
deux droits, nous remarquerons que, d'après l'organi-
sation du cens électoral avant 1848, l'impôt étant payé

par l'usufruitier servait uniquement à celui-ci pour l'électorat. La qualité de locataire ne conférait aucun droit. Une exception cependant était introduite en faveur du fermier d'un domaine rural, lorsqu'il avait un bail d'une certaine durée. Il profitait du droit attaché à la contribution foncière qui lui était comptée pour un tiers, mais le propriétaire ne cessait pas pour cela d'en conserver l'intégrité. Ici encore, nous voyons le droit du preneur moins énergique et partant moins complet que celui de l'usufruitier. La nature de ces droits apparaît donc différente à de nombreux points de vue.

Revenant à notre Code, nous rencontrons pour le système du droit réel un nouvel embarras dans les art. 1726 et 1727. Nous y voyons que le preneur en conflit avec une personne qui prétend avoir un droit quelconque sur la chose louée doit être mis hors d'instance. Tout son rôle consiste à nommer le bailleur pour lequel il possède. Ce désintéressement complet ne se comprendrait pas chez le titulaire d'un droit réel. Ne lui appartient-il pas de défendre son droit menacé? Pourquoi ne figurerait-il pas au procès? S'il n'y figure pas, c'est que, comme le fait remarquer Pothier (*Du louage*, n°s 286 et suiv.), il n'a aucun droit dans la chose.

Si nous étendons encore nos recherches en dehors du titre du louage, n'aurons-nous pas lieu de nous étonner de ne pas voir mentionné le droit du preneur parmi les droits réels dans les art. 526 et 543? Ces articles, pour n'être point limitatifs, devaient néanmoins, ce semble, énoncer un droit important et nouvellement introduit par le législateur.

Nous nous demanderons aussi pourquoi ce droit n'est point susceptible d'hypothèque comme un droit d'usufruit.

Nous chercherons en vain à expliquer pourquoi le bail consenti par un usufruitier ou par un acquéreur sous faculté de rachat subsiste après l'extinction de l'usufruit ou l'exercice du réméré, alors que tous les droits réels constitués par l'usufruitier ou par l'acquéreur sont résolus.

L'intervention de la loi, soucieuse des intérêts multiples compromis par la résolution d'un bail, est ici évidente, et la théorie du droit réel devient manifestement insuffisante à justifier les solutions édictées par le législateur.

Cependant la loi de 1855 sur la transcription pourrait nous jeter dans le doute : car nous voyons assujettis à la transcription, comme les conventions translatives de droits réels immobiliers, les baux d'une durée excédant 18 ans. Le législateur de 1855 ne se prononce-t-il pas implicitement par cette disposition pour la réalité du droit du preneur ? On pourrait le croire au premier abord ; mais, d'autre part, son silence à l'égard des baux d'une durée inférieure à 18 ans ne doit-il pas être interprété en faveur de l'opinion que nous soutenons ? S'il en était autrement, la loi de 1855 présenterait ici une lacune inexplicable. Cette lacune n'existe certainement pas ; mais il faut alors montrer pourquoi la catégorie des baux les plus longs, comme les conventions constitutives ou translatives de droits réels, a été assujettie à la transcription. La réponse est donnée par le rapporteur de la loi de 1855. Elle est d'une trop grande portée pour être passée sous silence : « On peut, dit M. de Belleyme, diviser en trois classes les actes assujettis à la formalité de la transcription. La première et la deuxième comprennent les actes relatifs à l'établissement de la propriété ou de ses démembrements. La troisième se compose des baux..... la publicité serait restée trompeuse, si elle n'avait été étendue jusqu'aux démembrements de la propriété ; mais on a dû aller plus loin, et assujettir à la transcription les actes qui, sans constituer des droits réels, imposent cependant à la propriété des charges qui sont de nature à en altérer sensiblement la valeur, tels sont les baux à long terme...... Nous n'ignorons pas que la publicité à laquelle nous les soumettons est une invasion dans le domaine *des droits personnels*, mais elle nous a paru justifiée et nécessaire. » Le législateur de 1855, loin de nous jeter dans l'embarras, ne pouvait nous donner plus complètement gain de cause.

Nous nous sommes efforcé d'établir le caractère personnel du droit du preneur. Et dans les développements que nous avons donnés sur ce sujet, nous avons implicitement répondu à plusieurs objections qui nous sont faites. Nous ne nous en tiendrons pas cependant à un simple exposé de principes, et nous examinerons les principaux arguments invoqués en faveur du droit réel. Avant de les aborder, il importe de savoir que les partisans de ce système ne s'accordent pas sur la portée de l'article 1743. Les uns donnent au preneur un droit réel principal, plus un droit personnel accessoire et conséquence du premier. Telle est la thèse soutenue par M. Troplong, qui souleva la controverse que nous agitons. D'autres, la continuant, accordèrent au preneur un droit personnel principal protégé par un droit réel accessoire. Un troisième parti revendiqua pour le preneur un droit mixte, à la fois réel et personnel. Des divergences sensibles, on le voit, séparent ces opinions qui, toutefois, se réunissent en un point important, car toutes concèdent au fermier ou locataire un certain droit réel.

Nous allons combattre d'abord le système défendu par M. Troplong, et, ce faisant, nous atteindrons en même temps les deux autres opinions, en tant qu'elles reconnaissent au droit du preneur le caractère de la réalité. Nous indiquerons ensuite les reproches particuliers que nous faisons à chacune d'elles.

En premier lieu, le système du droit réel met en avant les travaux préparatoires du Code civil. Il voit un argument en sa faveur dans les observations présentées par le tribunal d'appel de Lyon. Ces observations nous paraissent spécialement suggérées par des considérations d'utilité pratique et économique ; la question du droit réel et du droit personnel ne semble pas avoir été visée ; aussi les expressions qui se rencontrent plus ou moins favorables à l'un ou à l'autre système n'ont-elles qu'une faible importance. Ainsi lorsqu'il est dit, pour écarter l'article 1743 : « On va diminuer les droits de la propriété, » ces paroles, dont on croirait tirer parti en faveur du droit réel, ne lui prêtent aucun secours, en les expliquant par les phrases qui suivent

et par celles qui terminent l'avis du 3ᵉ commissaire.
(Fenet, t. IV, p. 204 et 206). En effet, l'on veut dire
seulement que l'article 1743 amène un résultat anormal
inusité jusque-là ; le propriétaire n'est plus entièrement maître de sa chose, puisque l'acquéreur, nouveau propriétaire, ne peut plus expulser le locataire :
et ceci est une cause de dépréciation pour la propriété.
Si l'on tenait pour réel le droit du preneur, s'étonnerait-
on de le voir atteindre les droits de la propriété ?
Evidemment non.

Écoutons les orateurs du Conseil d'Etat, ne décla-
rent-ils pas que la loi *Emptorem* est en réalité une
subtilité ? Cette appréciation, qui peut être contestée,
indique au moins que l'on se plaçait au point de vue
du droit personnel, puisque l'on déclarait subtiles les
conséquences que l'on en tirait jusque-là.

Mais le tribun Mouricault, dans son rapport au Tribunat, ne consacrait-il pas la théorie du droit réel en
légitimant l'innovation de l'article 1743 par cette maxime : « On ne peut transmettre à autrui plus de droits
que l'on n'en a » (Fenet, t. XIV, p. 330)? donc, dira-t-
on, le propriétaire ne pouvant transférer à son acquéreur le droit de cultiver ou d'habiter l'immeuble vendu
avait conféré au preneur un droit réel de jouissance. —
Il importe de remarquer que le droit du preneur était
personnel jusque-là, que le tribun Mouricault ne fait
nulle allusion au droit réel, ni avant, ni après avoir
rapporté cette maxime, et que les expressions qu'il emploie impliquent l'idée du droit personnel. On voit qu'il
veut expliquer que la solution acceptée dans l'ancien

droit ne se justifie ni au point de vue de la bonne foi due aux conventions, ni par des considérations économiques, ni même au point de vue juridique, et c'est alors qu'il rappelle le principe « qu'on ne peut transmettre, etc. » A cet égard, ne doit-on pas lui reprocher d'avoir fait confusion et d'avoir rappelé à tort une maxime sans application en matière de droit personnel? Nous préférons croire que la pensée de l'orateur était seulement celle-ci: Il ne convenait pas que la loi continuât à permettre à l'acquéreur de faire ce qu'elle défendait au bailleur. Ce point nous importe peu du reste, il nous suffit d'avoir montré que la maxime citée plus haut était, dans la bouche du rapporteur, inoffensive pour notre système.

Enfin, rappelons que M. Jaubert déclarait que le Code civil complétait la réforme commencée par la Constituante (Fenet, t. XIV, p. 352) ; or, nous avons établi plus haut que cette réforme avait laissé intacte la nature du droit du preneur, n'en doit-on pas conclure que l'intégrité de celle-ci a été respectée par le Code de 1804?

C'est surtout des textes de ce Code que veulent tirer profit les partisans du système de M. Troplong. Ils voient dans la défense d'expulser le fermier ou locataire d'immeubles la cause de la transformation de son droit.

Constatons de suite une anomalie à la charge de leur opinion, car l'article 1743 ne parlant pas du locataire de meubles ne modifie pas son droit; il permet aussi la convention qui maintiendrait la règle ancienne pour les baux d'immeubles, nous l'avons déjà vu; dans ces espèces donc le droit du locataire serait personnel comme autrefois, tandis qu'il deviendrait réel dans d'autres cas ; des résultats aussi bizarres peuvent-ils être facilement admis? Mais on est entraîné par cette considération que le preneur opposant son droit à l'acquéreur se trouve investi du droit de suite, prérogative particulière au droit réel. Nous répondrons que cette conclusion n'est pas suffisamment établie ; pour l'admettre, il faudrait que l'article 1743 rendît le droit du preneur opposable à tout tiers qui détient la chose, que celui-ci ait ou non reçu son droit du bailleur. — Or, telle n'est point la portée de l'article 1743. Sans doute les hypothèses où le tiers détenteur ne tiendra pas son droit du bailleur seront rares, mais n'en existât-il qu'une seule, elle suffirait à montrer que le preneur n'a pas un droit de suite, puisqu'il ne pourrait pas opposer directement son droit au tiers détenteur. Prenons un exemple : un usurpateur s'empare d'un domaine affermé. Si le preneur possède un droit de suite, il peut, dans la limite de son droit, exercer les actions possessoires et pétitoires. Mais il résulte des articles 1726 et 1727 qu'elles lui échappent, elles appartiennent au propriétaire.

Peut-être dans la matière de la prescription pourrait-on trouver une autre espèce. Pour cela il faut supposer que la prescription s'est accomplie vis-à-vis du bailleur et ne l'est pas encore à l'égard du preneur. Celui-ci ne pourra alors exciper de l'article 1743, pour opposer son droit au nouveau maître de l'immeuble.

Ainsi Primus, propriétaire, a pour fermier Secundus ;

une partie du domaine affermé étant stérile, est dédaignée et abandonnée par celui-ci ; Tertius, acquéreur *a non domino*, la prescrit. Au cours de la prescription, Secundus décède, laissant un mineur pour héritier ; la prescription, suspendue vis-à-vis de ce dernier, continue à courir contre le propriétaire. Quand elle sera accomplie contre celui-ci elle ne le sera pas encore contre l'héritier de Secundus, et cependant, si ce dernier veut alors mettre en culture les terres abandonnées par son auteur, Tertius s'y opposera. Ce n'est pas de Primus que Tertius tient son droit, dès lors il n'est pas lié vis-à-vis de Secundus ou de ses représentants ; en effet, l'article 1743 dit seulement : « Si le bailleur vend la chose louée, l'acquéreur ne peut expulser le fermier, etc. » Dans notre hypothèse, le droit de suite fait défaut au preneur ; les partisans du droit réel, nous le voyons, étendent trop le sens de notre article 1743 : « La spécialité de l'espèce qu'il examine montre que le législateur ne s'est pas élevé jusqu'à la conception d'un droit opposable à tous, d'un droit réel. » (M. Colmet de Santerre, n° 198 *bis* xxix, *Du louage.*

Pour compléter la transformation du droit du locataire, on le pare aussi du droit de préférence : c'est l'article 684 du Code de procédure qui fournit l'argument. En vertu de cet article, le preneur dont le bail a date certaine avant le commandement tendant à saisie immobilière, voit ses droits maintenus malgré la saisie ; n'est-il pas mieux traité que les autres créanciers ? dit-on. S'il en est ainsi, il n'est pas simple créancier, son droit de préférence décèle un droit réel. Pothier (n° 305 de son traité du *Contrat de louage*) nous avertit que, dans l'espèce que nous examinons, on abandonnait la rigueur des principes pour adopter la solution qui passa dans notre Code de procédure. Or, Pothier déclarait personnel le droit qui nous occupe; l'argument invoqué contre nous ne perd-il pas alors toute sa force, et l'exception admise par l'ancien droit et par le nôtre n'est-elle pas commandée par l'intérêt même de tous les créanciers? Si le preneur ne conservait pas intact son droit au bail, il cesserait de payer les loyers et réclamerait des dommages et intérêts: le prétendu droit de préférence du preneur n'est donc pas admis dans son intérêt particulier. Si l'article 684 du Code de précédure civile doit intervenir dans cette controverse, n'est-ce pas en notre faveur? car, ainsi que le remarque M. Colmet de Santerre (*op. cit.*), si le droit du preneur est réel, il est régi par les règles sur les constitutions de droits réels consenties par le débiteur saisi, et notre article est inutile; il n'est utile que s'il introduit une exception; une règle exceptionnelle n'était nécessaire que pour un droit personnel de sa nature. Ce n'est pas du reste la première fois que nous rencontrons un point difficilement explicable dans la doctrine du droit réel. N'avons-nous pas déjà montré que le droit du preneur n'était pas énuméré et réglementé dans nos lois comme un démembrement de la propriété? Nous lisons, il est vrai, dans le traité du *Louage* de M. Troplong que, si le locataire a un droit réel, il n'a point un démembrement de la propriété. « Le bail, dit-il sous le n° 4, est pour le maître un moyen de tirer parti de l'immeuble tout en en conservant la substance, c'est une manière de la mettre en rapport et d'en retirer les fruits. Quand un individu passe un bail de son héritage, il n'est personne qui s'imagine qu'il fractionne et amoindrit son droit de propriété. » Il nous semble que cette considération, sur laquelle il insiste volontiers, ne suffit pas à établir que si le droit du preneur est réel, il ne doive pas être considéré comme démembrement de la propriété. Ne pourrait-on pas dire en effet, en défendant le système de M. Troplong, que le propriétaire subit limitation et restriction à son droit, par la présence du locataire, comme par celle de l'usufruitier ou de l'usager? Or nous demandons en quoi les droits réels d'usufruit et d'usage, démembrements de la propriété, « appauvrissent » plutôt le propriétaire que le droit réel de bail ? Comme le preneur, l'usufruitier et l'usager participent dans une certaine mesure à la propriété ; comme le preneur aussi, ils doivent la mettre en rapport, en retirer les fruits, mais à charge, comme lui, de verser dans le patrimoine du propriétaire l'équivalent du droit qu'ils ont acquis.

Les considérations économiques rapportées plus haut ne résolvent donc pas l'objection que nous avons formulée, et fussent-elles probantes contre nous, qu'il resterait encore à expliquer comment le droit réel du preneur ne serait pas compris dans le droit réel absolu, la propriété, c'est-à-dire comment il n'en serait pas un démembrement.

Nous rappellerons enfin que de nombreux articles du Code supposent manifestement des rapports d'obliga-

tion entre bailleur et preneur. Ces dispositions ne permettent pas aux adversaires de notre système de refuser au preneur un droit personnel. Mais cette reconnaissance amène la division dans leur camp. Nous avons
déjà signalé ce point, nous devons y revenir brième-
ment.

M. Troplong, sous l'article 1709, n° 12, reconnaît, en
faveur du locataire, un droit personnel, accessoire et
corollaire du droit réel. « Si le bailleur est obligé de
faire jouir le preneur, c'est parce que ce dernier a un
droit de jouir. » Selon d'autres jurisconsultes (1), au
contraire, le droit réel du preneur n'est que le protecteur
du droit personnel qu'il possède contre le bailleur et ses
ayant cause universels. L'acquéreur, successeur particulier, n'est atteint que par le droit réel, il n'est pas
tenu de faire jouir, mais seulement de laisser jouir le
preneur. Cette dernière opinion n'échappe pas aux cri-
tiques que nous avons adressées au système du droit
réel principal; elle n'explique pas comment le preneur,
investi d'un droit réel, n'a point qualité pour agir en
son nom (art. 1726 et 1727); elle n'explique pas comment
le bailleur, après s'être dépouillé de son droit de jouissance, serait encore obligé, de par la loi, de faire jouir
celui qu'il a investi de ce droit; elle n'explique pas
pourquoi le preneur acquitte au fisc des droits calculés
sur le tarif des droits personnels ; elle n'explique pas
pourquoi, au cas où le vendeur exerce son réméré, le
droit du preneur ne tombe pas comme tous les autres

---

(1) En ce sens, une savante dissertation de M. Paul Jozon, *Revue pratique*, t. XX, p. 358 et suiv.

droits réels constitués par l'acheteur; elle n'établit pas que l'article 1743 suffise à conférer au premier un droit de suite, et l'article 684 du Code de procédure un droit de préférence, impliquant le droit réel; elle laisse subsister la puissante autorité des déclarations faites par le rapporteur de la loi de 1855, et les considérations historiques que nous avons exposées.

Ce simple renvoi suffit pour écarter le système du droit personnel principal et du droit réel accessoire, sans qu'il soit besoin d'énumérer ici tous les arguments qu'on peut lui opposer; nous voulons éviter des longueurs et des redites inutiles.

Quant à l'opinion qui accorde au preneur un droit mixte, à la fois réel et personnel, nous nous réservons de la réfuter en étudiant la jurisprudence, ce système ayant joui, auprès de celle-ci, d'un crédit particulier.

Dans notre doctrine, le droit du preneur étant personnel, une question subsidiaire apparaît aussitôt. Ce droit est-il mobilier ou immobilier? M. Colmet de Santerre, dans son *Traité du louage* (*continuation du cours analytique du Code civil*, par M. Demante), en soutenant la thèse de la personnalité du droit du preneur, reconnaît à ce dernier un droit immobilier. Il fait remarquer que ce serait une erreur de voir dans l'article 526 une définition des créances immobilières, définition qui excluerait toute créance ne rentrant pas dans ses termes. L'article 526, au contraire, paraîtrait s'être préoccupé des actions et avoir omis les obligations immobilières. Il ajoute, n° 198 *bis*, *in fine*: « La loi n'a pas parlé des obligations immobilières, elle a, au contraire, défini les obligations mobilières, et, d'après son langage même, l'obligation du bailleur ne rentre pas dans sa définition. »

M. Colmet de Santerre prend soin aussi d'écarter un préjugé qui consisterait à croire que toutes les obligations de faire ne peuvent que se résoudre en dommages et intérêts, en cas de refus du débiteur. Pothier lui-même, qui regarde le droit du preneur comme personnel et mobilier, décide que la délivrance en nature peut être exigée du bailleur *manu militari*, comme elle peut l'être du vendeur. Les faits dont il s'agit *non sunt mera facta*, mais ils sont de ceux *quæ ad dationem magis accedunt*. Après avoir éclairé ces points qu'il importait de mettre en lumière, M. Colmet de Santerre conclut ainsi, n° 198 *bis*, VII, p. 288: « L'objet de la créance du preneur étant la délivrance, quel doit être l'objet délivré? L'article 1719 répond que cet objet c'est la chose louée, l'immeuble; et comment concevoir que l'obligation de délivrer un immeuble rentre dans la définition de l'art. 529, et que ce soit une obligation ayant pour objet un meuble? »

Malgré l'importance de ces considérations, nous ne suivrons pas l'opinion que nous venons d'exposer. Ne semble-t-il pas en effet qu'elle résume trop exclusivement la dette du bailleur en une obligation de délivrance d'immeubles? Mais l'obligation du bailleur ne consiste-t-elle pas avant tout à faire jouir le preneur? Pour arriver à ce but il est nécessaire de faire la délivrance de l'immeuble; cette obligation ne doit-elle pas être considérée comme le corollaire de la dette principale, qui

consiste à procurer la jouissance? Cette dette ne se ma-
nifeste-t-elle pas dans le devoir qui incombe au bailleur de mettre la chose louée en bon état, de l'entretenir, de défendre le locataire ou fermier aussitôt que son
droit à la jouissance souffre quelque contestation, de
l'indemniser s'il récolte mal, etc.? Ces obligations n'ont
aucun caractère immobilier. Si le droit du preneur était
réel, son caractère immobilier ne serait pas douteux;
en effet, l'obligation principale du bailleur, se résume-
rait dans l'obligation de délivrer un immeuble. Mais la
théorie du droit personnel change la situation, et avec
celle-ci la nature du droit. Ajoutons que dans le système
adverse, le preneur prétend acquérir un droit réel sur
l'immeuble, c'est-à-dire quelque chose de cet immeuble;
tandis que dans le système du droit personnel le preneur ne demande nullement à faire entrer un immeuble
dans son patrimoine. Ce contraste apparaîtra encore, si
nous comparons à la créance du preneur celle que l'on
cite comme exemple classique de créance immobilière :
vous vous êtes engagé à me faire avoir tel nombre d'hec-
tares de terre en Algérie, le droit que j'acquiers tend à
faire comprendre des immeubles dans ma fortune,
celui du preneur n'ayant pas un but semblable, il n'est
pas étonnant qu'il ne soit pas immobilier. Comme nous
le disions plus haut, nous ne nions pas qu'au point de
vue unique de la délivrance, le droit du preneur ne
puisse être considéré comme immobilier, mais nous
croyons que le regarder comme tel, serait restreindre
plus qu'il ne convient les obligations du bailleur, et
surtout oublier que le fermier ou locataire n'entend acquérir aucun droit immobilier.

§ 2. — DE QUELQUES CONSÉQUENCES PRATIQUES DÉRIVANT DES DIFFÉRENTS SYSTÈMES PROPOSÉS SUR LA NATURE DES DROITS DU PRENEUR. — ÉTUDE DE LA JURISPRUDENCE.

L'intérêt qui s'attache à la question de la nature du droit du preneur n'est pas purement théorique. Les principes invoqués par les partisans des différents systèmes que nous avons développés sont trop opposés pour ne pas entraîner d'importantes différences pratiques ; nous allons en parcourir quelques-unes :

1° Si le bail ne confère qu'un droit réel contre l'acquéreur, et un droit personnel contre le bailleur, c'est à ce dernier seul que le preneur devra réclamer l'exécution de toutes les obligations nées de son contrat, bien que le bailleur soit devenu complétement étranger à l'immeuble aliéné. (En ce sens M. Jozon, *op. cit.*)

Toutefois, des auteurs partisans du système du double droit personnel et réel pensent que l'acquéreur de la chose louée, s'il a droit aux loyers à échoir, est obligé de faire jouir le preneur.

Si le droit personnel de celui-ci n'est que l'accessoire et la conséquence de son droit réel, il semble que l'aliénation de l'immeuble doit dégager le bailleur de toute obligation.

Si, comme nous le croyons, le droit du preneur étant personnel, et l'acquéreur étant associé légalement aux obligations du bailleur, le fermier ou locataire, pour ob-

tenir l'exécution du bail, pourra s'adresser à l'acquéreur. Cette solution est nettement indiquée dans un arrêt de la Cour de Rouen du 15 mars 1869. (Dal., 71, 2,
78.) Cet arrêt, sans vouloir définir la nature du droit du
preneur (ce qu'il fait implicitement cependant dans les
motifs que nous rapportons), dit en effet: que la loi
a véritablement subrogé l'acquéreur au vendeur en lui
imposant l'accomplissement d'une obligation personnelle de celui-ci envers le preneur.

2° Si le preneur est titulaire d'un droit réel, il pourra
seul, dans la limite de son droit, agir ou se défendre
contre les tiers qui compromettraient sa jouissance.
Remarquons que cette solution est en contradiction avec
les articles 1726 et 1727 du Code civil, et nous en tirons
argument en notre faveur.

3° En suivant le même ordre d'idées, les actions in-
tentées contre le propriétaire bailleur seront inefficaces
vis-à-vis du fermier ou locataire qui n'aurait pas été
mis en cause, il pourra dire: *res inter alios acta*. Si
au contraire, son droit étant personnel, il n'use et ne
jouit de l'immeuble qu'au nom du bailleur, il sera
lié par toutes les décisions qui lieront le propriétaire.

4° Si deux baux successifs d'un même immeuble,
sont consentis à deux personnes différentes, la préférence appartiendra nécessairement, dans le système du
droit réel, au preneur dont le bail ayant date certaine
est le plus ancien.

En effet, le second preneur ne pouvait recevoir du
bailleur un droit réel que celui-ci avait déjà aliéné.

Mais dans le système du droit personnel, une solution

différente se comprend très-bien. Le bailleur, nous l'avons déjà montré, n'ayant rien aliéné de ses droits sur la chose louée, peut contracter vis-à-vis de plusieurs personnes l'obligation de procurer la jouissance de la même chose. Nous ne voyons rien en droit qui s'y oppose. Les deux fermiers rivaux se trouvent en possession de titres d'égale valeur (car pour des créanciers chirographaires, l'antériorité de la créance n'est pas une cause de préférence). Le fermier qui parviendra le premier à obtenir l'exécution de l'obligation sera préféré, et l'autre, moins diligent ou moins heureux, obtiendra des dommages et intérêts.

Marcadé, partisan du droit personnel, adopte une solution différente : il considère que le droit du premier preneur, ne pouvant être atteint par une aliénation de l'immeuble postérieure au bail, ne saurait l'être non plus par un second contrat de louage.

Nous répondons à cet argument que l'article 1743 est tout à fait exceptionnel ; que l'acquéreur subit le droit du preneur parce qu'il est associé légalement aux obligations du bailleur ; que, s'il est privé de la jouissance de l'immeuble, il en reçoit l'équivalent, c'est-à-dire les fermages ; qu'il y avait une extrême utilité à déroger à la rigueur des principes en faveur de la sécurité des preneurs sans cesse menacés par des aliénations possibles.

Mais nous ne trouvons aucune de ces raisons pour mettre le second fermier dans la même situation que l'acquéreur vis-à-vis du fermier originaire ; l'hypothèse de deux baux successifs d'un même immeuble à deux fermiers différents n'est pas très-fréquente; l'association du second fermier aux obligations du bailleur ne se comprend pas; enfin le premier fermier ne fournit à son rival aucun équivalent qui le dédommage. En effet, c'est au propriétaire envers qui il est engagé qu'il paiera les fermages. Ceux-ci ne seront pas versés entre les mains du second fermier, puisqu'aucune obligation légale ou conventionnelle ne le relie au preneur en jouissance.

MM. Aubry et Rau, bien que partisans du droit personnel, arrivent à une solution opposée à la nôtre, en partant de cette idée que l'article 1743 a étendu l'application de la maxime : *nemo plus juris in alium transferre potest quam ipse habet*, aux conflits entre droits personnels.

Nous avons implicitement écarté leur solution, lorsque nous avons essayé d'établir que la règle ici appliquée par eux ne comporte pas l'extension qu'ils prétendent lui donner.

La question qui nous occupe apparaît, mais sans être résolue, dans deux arrêts de la Cour de cassation, l'un du 29 août 1849 (*Dal.*, 1,273), l'autre du 19 mai 1857 (*Dal.*, 57, 1, 367). Nous la trouverons indiquée et tranchée dans un arrêt de la cour de Rouen, du 15 mars 1869 (*Dal.*, 71, 2, 78). Il décide que la préférence entre deux baux successifs doit se déterminer par l'antériorité de la date. Nous avouons que cette solution nous cause quelque surprise; à notre avis, elle implique la réalité du droit du preneur, or, cet arrêt que nous avons déjà cité plus haut, en partie, à propos d'une autre question, nous semblait consacrer la doctrine contraire, en affirmant que « l'acquéreur était véritablement subrogé aux obligations du bailleur. » Nous eussions mieux compris que la décision de la cour de Rouen fût motivée sur l'avantage que la possession jointe au titre donnait au fermier le plus ancien sur son rival muni d'un simple titre.

Si les baux successifs étaient d'une durée supérieure à 18 ans, selon nous, la loi de 1855 lèverait toute difficulté, car les baux à long terme ayant été placés par elle sur la même ligne que les actes d'où résulte un droit réel, la règle qui s'appliquerait à deux acquéreurs successifs conviendrait aux deux preneurs. Au premier qui a fait transcrire serait due la préférence.

Mais si le bail excédant 18 ans se trouvait en concurrence avec un bail d'une durée inférieure, on ne pourrait plus décider suivant les règles de la transcription, ce dernier n'étant point sous l'empire de la loi de 1855.

5° Parmi les questions qui dépendent de la solution que l'on adoptera sur la nature des droits du preneur, il en est peu qui aient aussi vivement préoccupé la jurisprudence que celle-ci : Le locataire qui souffre de l'exercice des droits d'un colocataire peut-il, à raison du dommage à lui causé, agir non-seulement contre le bailleur, mais même directement contre son colocataire ?

Un arrêt du 24 juin 1868 de la cour de Paris a statué sur cette question à propos de l'espèce suivante :

Uu propriétaire avait passé bail avec un commerçant, en lui donnant l'assurance que, dans la maison qui lui était louée en partie, il n'aurait pas à redouter la concurrence d'un rival.

Un second locataire fut installé dans la même maison, où il exerça un commerce semblable à celui du premier locataire. Ce dernier intenta une demande en résiliation de bail contre son colocataire (1).

La cour de Paris s'est prononcée en faveur du demandeur en résiliation, lui accordant un *droit mixte* participant de la nature des droits réels et des droits personnels, thèse difficile à admettre, ainsi que le fait remarquer M. Labbé dans une intéressante note, insérée au *Journal du Palais* sous l'arrêt que nous rapportons. En effet, s'il existe des actions mixtes, c'est-à-dire des instances où le demandeur exerce deux droits liés ensemble, l'un personnel et l'autre réel, il n'y a point de droits à la fois réels et personnels. Si l'on n'entend point donner au preneur un seul droit à la fois réel et personnel, mais deux droits, l'un réel et l'autre personnel, nous répondrons qu'il est difficile de concevoir au profit d'une même personne un droit réel et un droit de créance ayant même objet ; nous avons déjà insisté sur ce point.

Remarquons que l'arrêt que nous étudions permet au preneur d'agir en vertu de son droit réel contre ceux qui ont quelque prétention à la jouissance des lieux loués, mais même contre ceux qui porteraient atteinte à des droits accessoires dont une convention a garanti le bénéfice au preneur, par exemple, dans le cas qui nous occupe, au droit d'exercer, sans concurrent dans

(1) Même dans le système du droit réel, la demande de résiliation de bail nous paraît exorbitante de la part du premier locataire. En effet, ce qu'il pouvait réclamer seulement c'était que son colocataire cessât d'exercer une industrie similaire.

la maison, un commerce déterminé. Cette condition accessoire suit les règles et jouit des prérogatives de la convention principale de bail.

Une telle décision, même en supposant la concession d'un droit réel au preneur, est très-hardie, car elle paraît concéder, au profit de la partie de maison louée au plus ancien locataire, une sorte de servitude sur l'autre partie, objet du deuxième contrat de bail. Or, il nous semble difficile de voir la constitution d'une servitude dans l'obligation de ne pas louer à un concurrent la portion inoccupée d'une maison. Cette convention a-t-elle pour objet l'utilité et l'exploitation de l'immeuble ? Le service rendu par l'héritage asservi ajoute-t-il une qualité au prétendu fonds dominant ? La convention n'intervient-elle pas plutôt dans l'intérêt personnel et commercial du locataire ? Aurait-elle encore la moindre raison d'être si celui-ci, conservant l'appartement qu'il occupe, changeait de profession ? Nous voyons bien mieux ici apparaître un droit de créance qu'un droit de servitude.

La cour d'Amiens (*Dal.*, 1851, 2, 109) appuyait ce nous semble notre manière de voir, dans son arrêt du 19 février 1851, en décidant que la convention par laquelle un vendeur a interdit à l'acquéreur d'une portion de son fonds de pratiquer le genre d'exploitation que lui, vendeur, exerçait sur la partie d'immeuble qu'il conservait, ne créait pas une servitude ; qu'en effet, il n'y avait point là une charge imposée pour l'utilité d'un héritage, mais une convention ayant pour objet de mettre le propriétaire à l'abri de la concurrence qu'il craignait. Cet arrêt a été confirmé par la Cour de cassation le 8 juin 1851 (*Dal.*, 51, 1, 188).

A notre point de vue le preneur, muni d'un droit personnel, n'avait point d'armes contre son rival. Il pouvait seulement agir contre le bailleur qui avait violé sa promesse. Nous pensons que le locataire actionné en résiliation de bail par son colocataire pouvait refuser tout débat avec lui, en se fondant sur ce qu'aucun lien de droit n'existait entre eux.

On se demandera peut-être quel résultat amènerait l'application de nos principes : le demandeur obtiendrait des dommages et intérêts contre le bailleur, pour le passé, et se trouverait, quant à l'avenir, dans la situation d'un créancier dont le débiteur est devenu insolvable, par suite d'engagements excessifs. Le bailleur, en effet, a contracté une dette de jouissance qu'il ne peut acquitter entièrement. Le preneur voyant sa situation menacée demanderait des garanties, et si le bailleur ne lui en offrait pas de suffisantes, la résiliation du bail, avec dommages et intérêts, pourrait être réclamée et prononcée.

Ces solutions, nous le reconnaissons, sont très-vivement combattues. Un arrêt de la cour de Paris du 22 décembre 1859 (*Dal.*, 60, 2, 185) décide : que le locataire, par l'effet du bail à lui consenti, acquiert un droit tout à la fois réel et personnel qui lui permet de demander, à son choix, ou que le propriétaire expulse, ou qu'il soit lui-même autorisé à expulser le locataire subséquent d'une autre partie de la maison, si celui-ci le trouble par une indue concurrence. Nous notons encore dans le même sens un arrêt de la cour de Paris du 8 juin 1861 (*Dal.*, 61, 2, 198).

Mais, nous aussi, nous trouvons un solide appui dans la jurisprudence.

La doctrine de la Cour de cassation doit être interprétée en notre faveur, car elle se prononce d'une façon formelle contre le système du droit réel. En effet, dans un arrêt du 6 mars 1861 (*Dal.*, 61, 1, 419), nous trouvons un résumé précis des principaux arguments qui militent en faveur du droit personnel.

A côté de la difficulté de savoir si le preneur a une action directe contre son colocataire qui exerce une industrie similaire à la sienne, alors que le preneur s'est engagé à ne pas introduire de concurrent dans sa maison, se place une autre question ; nous croyons intéressant de la signaler ici, bien que la réalité ou la personnalité du droit conféré par le contrat de louage soient étrangères à la solution.

L'article 1719 du Code civil suffit-il, en l'absence de clause spéciale du bail, pour ouvrir au locataire troublé par la concurrence une action contre le bailleur ? Nous ne le pensons pas. Sans doute, la clause dont nous parlons n'a pas besoin d'être expresse, on pourra l'induire des circonstances qui ont accompagné le bail, comme le décident un arrêt de la Cour de Paris du 19 juillet 1865 (*Bul.* C. appel, 65, p. 702) et un arrêt de la Cour de cassation du 8 juillet 1850 (*Dal.*, 50, 1, 307). Mais ce serait aller trop loin que de dire que, l'obligation prise par le bailleur de garantir le locataire contre la concurrence d'un rival est de la nature du contrat de louage.

Cependant plusieurs arrêts impliquent cette solution (notamment Nîmes, 31 décembre 1855, *Dal.*, 57, 2, 125. — Paris, 3ᵐᵉ ch., 8 nov. 1856. — 2ᵐᵉ ch., 4 mars 1858, Dev. 58, 2, 321. — 2ᵐᵉ ch., 24 juin 1858, Dev. 59, 2, 146. — 5 nov. 1859, 4ᵐᵉ ch. Cet arrêt va jusqu'à défendre au propriétaire, d'introduire un concurrent de son locataire commerçant, non-seulement dans la maison occupée en partie par celui-ci, mais même dans une maison contiguë. — 2ᵐᵉ ch., 29 mars 1860, Dev. 62, 2, 122. — Bordeaux, 2 août 1860, Dev. 61, 2, 124. — Paris, 2ᵐᵉ ch., 8 juillet 1861, Dev. 62, 2, 274; id. 19 et 29 mars 1862 et 12 mars 1863, Dev. 63, 2, 221. — 26 janv. 1864, 2ᵐᵉ ch., *Bul.* C. d'appel, 64, p. 109.

Ces arrêts sont précis et nombreux, néanmoins la jurisprudence paraît s'être établie en faveur de l'opinion que nous soutenons (Bordeaux, 17 avril 63, *Dal.*, 63, 2, 191. — Paris, 17 novembre 1860, *Dal.*, 61, 2, 32. — 8 mai 1862, *Dal.*, 62, 2, 109. — Rennes, 8 mai, 63, *Dal.*, 64, 2, 156. — Voyez surtout l'arrêt du 12 mars 1864, 3ᵐᵉ ch., *Bul.*, C. appel 64, p. 101. — 15 juin 64, 3ᵐᵉ ch., *Bul.*, C. appel 64, p. 584. — 14 juin 1864, 4ᵐᵉ ch., *Bul.*, C. appel 64, p. 586. — 19 janv. 1865, 2ᵐᵉ ch., *Bul.*, C. appel 65, p. 66. — 2 mars 1865, 2ᵐᵉ ch., *Bul.*, C. appel 65, p. 284. — Metz, 26 novembre 1868, 3ᵐᵉ ch., *Dal.*, 69, 2, 44. — Paris, 19 févr. 1870, *Bul.*, C. appel 70, 71, p. 256).

Du reste, un arrêt de la Cour de cassation du 6 novembre 1867 (*Dal.*, 68, 1, 129) s'était formellement prononcé en ce sens. Il déclare qu'il ne résulte pas de l'art. 1719, qu'en l'absence de toute convention restrictive de son droit, le propriétaire qui a loué une partie de sa maison pour une industrie déterminée n'en puisse louer une autre partie pour une industrie semblable. Un arrêt de Bordeaux du 7 novembre 1873 (*Dal.*, 74, 2, 136) paraîtrait, en apparence, revenir sur cette jurisprudence; il n'en est rien en réalité; car l'on voit que cette Cour a supposé qu'une convention tacite, complétant l'art. 1719, était intervenue entre le bailleur et le locataire.

Poursuivons l'indication des principaux points où se manifeste l'intérêt pratique de la controverse sur la nature des droits du preneur.

Dans un arrêt du 6 mars 1861, que nous avons rapporté tout à l'heure, la Cour de cassation affirme le caractère mobilier du droit du preneur, conséquence de sa personnalité. Rappelons toutefois, en passant, que cette conséquence n'est pas admise par tous les auteurs; nous avons rapporté dans le cours de ce travail, que l'opinion contraire était très-sérieusement soutenue.

Les partisans du droit réel, sans hésitation, déclarent immobilier le droit du preneur. On aperçoit de suite que l'intérêt est considérable à choisir l'une ou l'autre opinion. Par exemple, le droit du preneur est-il mobilier?

1° Il pourra être donné en gage (1); ce que décide

_____

(1) On se demandera peut-être quelles seront les prérogatives du créancier gagiste ? — A défaut de payement, il fera vendre le droit au bail ; ce qui peut être en certains cas une très-grande valeur. Mais nous ne pensons pas qu'il doive occuper les lieux loués. Le débiteur engagiste est suffisamment dessaisi par la remise du titre sans lequel il ne pourra ni sous-louer, ni céder sa créance de locataire, son droit au bail.

l'arrêt de cassation du 6 mars 1861 ci-dessus rapporté.

Ici apparaît une intéressante question que nous nous bornons à indiquer. Faut-il pour la constitution de ce gage que le créancier gagiste soit mis en possession des lieux loués ; ou suffit-il que remise lui soit faite du titre de son débiteur, avec signification du contrat de gage au bailleur ? En ce dernier sens, Paris, 26 févr. 1852, *Dal.*, 53, 2, 15. — C. cassation, 13 avril 1859, *Dal.*, 59, 1, 167, et 6 mars 1861, *Dal.*, 61, 1, 417.

2° Si le droit au bail est mobilier, il appartiendra au légataire de tous les meubles dépendant de la succession du preneur.

3° Le tuteur pourra le céder à un tiers ou intenter les actions qui le concernent sans l'autorisation du conseil de famille. (Art. 457 et 464).

4° La cession du droit du preneur ne sera opposable aux tiers qu'après l'accomplissement des formalités de publicité prescrites par l'art. 1690 C. civ. Si le droit du preneur était réel, ces formalités alors inutiles ne seraient même pas remplacées par celle de la transcription qui, en effet, n'est exigée que pour la transmission des droits réels susceptibles d'hypothèque, ou des droits réels indiqués par l'art. 2 de la loi du 23 mars 1855 ; or, le droit du preneur ne figure point dans l'énumération de cet article, et n'est point susceptible d'hypothèque. (Art. 2118, C. civ.)

5° Ce droit, s'il est mobilier, tombera dans le patrimoine commun, sous le régime de la communauté, etc.

Dans le système du droit réel ces hypothèses seraient résolues dans le sens inverse de celui que nous avons suivi.

L'intérêt de la controverse sur la nature du droit du preneur mérite encore d'être signalé au point de vue de la compétence des tribunaux. Les partisans du droit réel voient dans l'action du fermier en exécution du bail, sinon une action purement réelle (car ils ne peuvent nier que le bailleur assume des obligations personnelles), à tout le moins une action mixte, dont pourra connaître par conséquent soit le tribunal du domicile du défendeur, soit celui de la situation de l'immeuble loué ; ainsi décidait la Cour de Rouen le 30 juill. 1855 (*Dal.*, 57, 2, 33).

Si le droit du preneur est personnel, le tribunal seul compétent sera celui du domicile du défendeur, comme l'affirmait la cour de Caen le 24 janvier 1848 (*Dal.*, 49, 2, 254). Après un exposé très-substantiel de la doctrine de la personnalité, cet arrêt déclare que, l'introduction de l'article 1743 dans notre législation n'ayant pas changé le caractère des obligations naissant du bail, les actions tendant à leur exécution sont restées personnelles.

Le rédacteur de l'arrêt reconnaît qu'il peut y avoir d'assez graves inconvénients à contraindre un fermier à aller plaider devant un tribunal éloigné de l'immeuble affermé, qu'il serait peut-être à désirer que le législateur y eût pourvu, comme il l'a fait dans l'article 3 du Code de procédure civile et dans l'article 9 de la loi du 28 mai 1838, pour certains cas rentrant dans la compétence des juges de paix, mais que ces dispositions formelles sont une raison de les regarder comme faisant exception au droit commun.

Dans le même sens la cour de Bourges, 27 février 1852 (*Dal.*, 53, 2, 31) a jugé personnelle même l'action ayant pour objet le déguerpissement à défaut de payement des fermages, l'objet affermé ne se trouvant pas par là mis en litige. Joignez à ces décisions celle de la cour d'appel de Savoie, 2 janvier 1854 (*Dal.*, 55, 2, 167) et surtout un arrêt décisif de la Cour suprême du 21 février 1865 (*Dal.*, 65, 1, 132).

Nous référant à la matière de l'expropriation pour cause d'utilité publique, nous signalerons un autre intérêt relatif à la compétence des tribunaux. Supposons que, parmi les propriétaires dont les immeubles sont compris dans le plan dressé conformément à l'article 4 de la loi du 3 mai 1841, figure l'expropriant, et l'immeuble qui lui appartient est loué. Le preneur évincé recourra-t-il devant le jury en règlement de l'indemnité qui lui est due ? Oui, s'il a un droit réel, car il est certainement exproprié ; non, si son droit est personnel, car vis-à-vis de lui il n'y a pas d'expropriation, puisqu'il ne saurait en être question vis-à-vis du propriétaire, son bailleur. Celui-ci en effet ne peut réunir les deux qualités d'expropriant et d'exproprié. Ce sera donc aux tribunaux civils qu'il appartiendra de connaître de l'indemnité due pour le dommage causé par l'inexécution du bail.

Nous avons établi que notre Code n'a pas modifié le droit du preneur au point de vue de sa nature. Il est resté personnel comme il l'était sous la législation ancienne. Le doute sur cette question naît de l'a-brogation de la loi *Emptorem*. On conteste la portée de cette innovation, mais ce que l'on ne discute pas, c'est la pensée qui inspira le législateur de 1804. L'article 1743 fut dicté par faveur pour le locataire ou le fermier ; on voulait assurer la sécurité de l'agriculture et de l'industrie. Voyons si la théorie du droit personnel dans ses conséquences pratiques froisse ces graves intérêts, ou si au contraire elle les protége, et seconde ainsi l'intention des rédacteurs du Code. Par là nous nous contrôlerons nous-même par une sorte de contre-épreuve.

Si le preneur créancier de la jouissance d'un immeuble rencontre dans le tiers acquéreur de ce bien un débiteur de la jouissance à laquelle il prétend, n'obtient-il pas toute la protection désirable contre les surprises et les troubles auxquels l'exposait la loi *Emptorem*?... Cela paraît manifeste, les aliénations consenties par le bailleur ne lui causent plus désormais aucun préjudice.

Reprochera-t-on à notre système de laisser le fermier simple créancier désarmé contre les tiers qui prétendraient avoir quelque droit sur le bien affermé ? Sans doute le premier n'ayant aucun droit dans la chose ne peut exercer aucune revendication contre un usurpateur, mais il réclamera le secours du propriétaire, et à cela nous ne voyons aucun mal. Le propriétaire, en effet, résistera mieux que tout autre, puisqu'il a les titres d'acquisition entre les mains : puisque ses droits, plus importants, sont menacés en même temps que ceux du locataire ; puisqu'il est responsable de tout

4

trouble souffert par ce dernier. Le preneur sera ainsi défendu sans prendre part aux ennuis du procès, et sans en subir les charges toujours fort onéreuses.

Le système du droit réel offrirait-il les mêmes avantages au preneur? non, à notre avis. Certains auteurs, en effet, pensent que si le locataire a un droit dans la chose qui lui permet d'opposer son droit au tiers acquéreur, les principes n'obligent ce dernier qu'à laisser jouir. L'obligation de procurer la jouissance est restée à la charge du bailleur. Or, celui-ci est devenu un étranger pour le fermier, peut-être a-t-il réalisé ses immeubles pour s'éloigner du pays où il vivait, voici une source d'embarras pour le preneur : il se trouve en présence de l'acquéreur qui ne lui doit rien, et tous rapports ont cessé ou deviennent difficiles avec le bailleur qui est absent et entièrement étranger aussi à l'immeuble.

Nous nous réservons d'indiquer, dans notre aperçu sur le droit de marché où elle trouvera naturellement sa place, une considération qui peut, au point de vue économique, recommander le système du droit personnel.

CHAPITRE II.

DROITS DU PRENEUR

Nous avons étudié la nature des droits conférés au preneur, il nous reste à indiquer quels sont ces droits. Ils peuvent varier à l'infini avec les conventions qui les créent; pour nous limiter, nous passerons simplement en revue les principaux droits qui dérivent, au profit du fermier ou locataire, de la nature ou de l'essence du contrat de louage.

Le preneur peut exiger du bailleur :

1° La délivrance ;

2° L'entretien ;

3° La jouissance paisible de la chose louée.

Tels sont ses droits principaux dont la consécration s'impose, pour ainsi dire, au législateur. Il en est d'autres dont l'existence est moins impérieusement commandée ou qui n'apparaissent même que dans certaines circonstances particulières, soit vis-à-vis du bailleur, soit vis-à-vis des tiers ; nous les indiquerons en second lieu.

SECTION I.

Délivrance.

« Il est de l'essence du contrat de louage qu'il y ait une certaine jouissance d'une chose que le locateur s'engage à faire avoir au locataire », dit Pothier, (n° 22 *Du louage*). Il faut donc nécessairement que le bailleur mette la chose à la disposition du preneur. Quelle est l'étendue de cette obligation de délivrer? L'article 1720 nous répond que la chose doit être délivrée « en bon état de réparations de toute espèce. »

Il ne faut point penser trouver ici une formule complète. Le législateur ne l'a point donnée, cela n'eût peut-être pas été possible. Ce que nous devons chercher, c'est l'idée qui inspirait les rédacteurs de l'article 1720. Elle nous paraît être celle-ci : le preneur peut exiger que la chose lui soit livrée en état de servir à l'usage pour lequel elle est louée. Le simple bon sens fournit cette donnée.

Donc la chose doit être livrée avec les accessoires que comporte son usage. Et si des réparations sont utiles, le preneur peut les exiger. Mais il importe de ne point exagérer le sens des mots « réparations de toute espèce », expression employée par l'article 1720. Ce serait une erreur de croire que les dépenses de luxe peuvent être imposées au propriétaire. La loi veut dire qu'il doit faire et les réparations importantes et les réparations dites locatives, qui, au cours du bail, sont à la charge du locataire (Art. 1754). Faute par le bailleur de remplir ces obligations, le preneur aurait le droit de réclamer des dommages et intérêts, et même de demander la résiliation du bail, si la chose louée n'était pas mise en état de rendre les services que l'on en attendait.

La chose devant être remise avec ses accessoires, à plus forte raison doit-elle être livrée en totalité. L'article 1765 nous avertit que, si dans un bail à ferme on donne aux fonds une contenance moindre ou plus grande que celle qu'ils ont réellement, il peut y avoir lieu à augmentation ou à diminution de prix pour le fermier. On suivra sur ce point les règles exprimées au titre de la vente, articles 1617 à 1623.

Le retard qu'apporterait le bailleur à faire la délivrance donnerait droit au preneur à des dommages et intérêts, et en cas de refus de délivrer, il pourrait y avoir lieu à contrainte *manu militari*. Pothier (nº 66, *Du louage*) remarque à juste titre qu'en permettant au locataire de se faire mettre par le ministère d'un sergent en possession de la chose qui lui a été louée, on autorise un fait « quod magis ad dationen accedit » auquel on peut contraindre un débiteur, sans attenter à sa personne ni à sa liberté.

Puisque le bailleur doit livrer la chose en bon état de réparations de toute espèce, il doit garantie de tous les vices de la chose qui en empêchent l'usage, quand même il ne les aurait pas connus lors du bail. Donc il y aura lieu à remise ou à réduction de loyers, et de plus à dommages et intérêts, si le preneur a subi quelque perte. (Art. 1721). L'article 1646 est plus favorable au vendeur, il ne l'oblige qu'à la restitution du prix, s'il ignorait les vices de la chose. L'article 1721 ne doit point nous surprendre : car, outre qu'il applique une règle générale, il concerne le bailleur qui, s'étant engagé à faire jouir le preneur, n'a point rempli son obligation.

Remarquons que la garantie s'étend même aux vices apparents : car, à moins de présomption contraire, le preneur a dû compter que l'on ferait toutes les réparations nécessaires à procurer la jouissance de l'objet loué.

Le preneur peut tirer de la chose tout l'usage auquel elle est destinée. Ici l'on se demandera s'il peut prétendre aux droits de chasse et de pêche. Nous associons ces droits, parce que les raisons de décider sont les mêmes dans les deux hypothèses.

Plusieurs solutions sont proposées :

D'après certains auteurs, le droit de chasse appartient au fermier, car ce droit est un produit utile de la propriété et il n'y a point de juste motif pour en priver le fermier. Celui-ci y trouvera une sorte de compensation au préjudice que lui cause le gibier qui vit des fruits de son champ.

Une autre opinion attribue le droit de chasse concurremment au fermier et au propriétaire. La faculté de chasser n'est-elle pas en principe de droit naturel ? Elle est réglementée il est vrai par des lois spéciales, mais à cause du respect dû à la propriété. Or le fermier n'y porte aucune atteinte en pénétrant sur le fonds à lui affermé. Quant à la destruction du gibier, le propriétaire ne peut l'interdire au fermier, ni celui-ci au propriétaire, car le gibier n'appartient à personne.

Enfin, suivant un troisième système, que nous adoptons, le droit de chasse est réservé au propriétaire.
Nous supposons qu'il ne s'agit pas d'une propriété
d'agrément ou d'un fonds dont la principale utilité consiste dans la chasse. Dans ce cas, en effet, le locataire
bénéficiera du droit de chasse ; il devait évidemment
considérer cet avantage en passant bail. Ne disionsnous pas tout à l'heure que l'étendue des droits du
preneur est subordonnée à l'usage pour lequel la chose
a été louée ?

Le même principe nous fait refuser le droit de chasse
au fermier. N'est-ce pas pour recueillir les fruits qu'il
a affermé le fonds ? Le gibier et le poisson ne peuvent
être considérés comme le produit des terres ou des
eaux qu'ils traversent et quittent en toute liberté. Ainsi
le décidait la Cour de Rouen, le 13 juin 1844. Le fermier ne saurait prétendre aux droits que ni lui ni le
bailleur ne devaient avoir en vue lorsqu'ils contractaient.

En vain invoquerait-il la loi des 28-30 avril 1790 et
celle du 3 mai 1844, art. 9, § 3 pour réclamer le droit
de chasse. Ces lois lui permettent la destruction des animaux nuisibles dans les conditions déterminées par les
arrêtés préfectoraux. C'est, pour ainsi dire, la consécration
du droit de légitime défense, mais point du tout l'attribution du droit de chasse.

Le droit du preneur s'exerce-t-il sur l'alluvion qui
vient accroître le champ affermé ?

Sur ce point encore divergence d'opinions.

Si le bien est loué à tant la mesure, dit M. Duranton (t. XVII, n° 81), le fermier devra en cas d'alluvion subir une augmentation proportionnelle de fermage; en dehors de cette hypothèse, il profite de l'accroissement du sol.

M. Troplong (*Du contrat de louage*, n° 190) pense que l'alluvion, étant un accessoire de la chose, doit être laissée au preneur pour qu'il en profite.

Nous accédons volontiers à cette dernière opinion si les atterrissements qui se sont formés sont de peu d'importance. Mais, s'ils sont considérables, nous nous rangerions à l'avis de Pothier qui répond en ces termes à Caroccius : « Le fermier, il est vrai, a droit de jouir de tout ce qui lui a été loué,..... mais la partie qui est accrue depuis le contrat n'a pas pu lui être louée, puisqu'elle n'existait pas encore. » Si l'alluvion eût précédé le bail, le propriétaire eût certainement exigé un fermage plus élevé. Nous pensons donc qu'il ne faut pas adopter une solution que les parties n'auraient certainement pas suivie si elles eussent prévu l'événement qui s'est produit. Si le fermier ne peut prétendre, sans augmentation de fermage, exercer son droit sur l'étendue d'une alluvion considérable, le propriétaire ne peut, à notre avis, le contraindre à augmenter malgré lui son exploitation. Cette situation amènera ordinairement en pratique une transaction amiable dont chaque partie tirera avantage. Le propriétaire recevra une augmentation de revenu sur laquelle il ne comptait pas, et le fermier obtiendra du propriétaire des conditions favorables.

SECTION II.

Entretien.

L'entretien n'est pour ainsi dire que la continuation de la délivrance de la chose en bon état, mais nous n'ajouterons plus comme ci-dessus en bon état de réparation de toute espèce ; une fois la chose aux mains du locataire les dépenses de menu entretien, dites locatives, sont à sa charge. La loi nous indique quelques-unes de ces réparations et renvoie pour le surplus aux usages.

Quant aux réparations de gros entretien le locataire peut les exiger ainsi que les grosses réparations.

S'il a droit à ces réparations, il a le devoir de les supporter s'il y a inconvénient à les ajourner (art. 1724) ; les travaux durent-ils plus de quarante jours? le preneur pourra réclamer sur le prix de bail une diminution proportionnelle au temps de privation de jouissance.

Ici deux points sont à noter. Le calcul du temps de privation de jouissance comprendra, non-seulement le temps excédant les quarante premiers jours, mais aussi ce premier délai. Le texte de l'article 1724 « à proportion du temps et de la partie de la chose louée dont il aura été privé » est conforme à notre opinion, et les antécédents du Code la confirment (Pothier, *Du louage*, n° 77). On comprend en effet que la loi impose au preneur de supporter, pendant un assez court laps de temps et sans compensation, la gêne que commandent des réparations faites dans son intérêt. Mais si à cette première période s'ajoutent d'autres délais, le préjudice subi par le preneur devient facilement appréciable, et il y aurait injustice à ne pas en tenir compte.

En second lieu, si les réparations, même d'une durée moindre de 40 jours, supprimaient totalement l'usage de la chose, elles donneraient au preneur le droit d'exiger la résiliation du bail (art. 1722) ; le contrat tomberait faute d'objet.

SECTION III

Jouissance paisible.

En recherchant la nature des droits du preneur, nous avons déjà insisté sur l'obligation qui incombe au bailleur de faire jouir son fermier ou locataire, et nous avons signalé la différence manifeste qui existe entre le droit de ce dernier et celui de l'usufruitier ; nous n'y reviendrons pas.

Le preneur peut être troublé dans sa jouissance, par un événement de force majeure, ou par le fait du bailleur ou par le fait d'autrui ; et dans ce dernier cas, deux hypothèses sont possibles : soit qu'un tiers prétendant quelque droit sur la chose louée veuille l'exercer au préjudice du locataire, soit qu'il nuise à celui-ci, sans revendiquer l'exercice de quelque droit pour justifier sa conduite. Nous allons parcourir ces diverses alternatives.

§ Ier. — TROUBLE CAUSÉ PAR FORCE MAJEURE.

Le bailleur est obligé de procurer une jouissance paisible au preneur. Un événement que celui-ci ne pouvait éviter survient, qui met obstacle à cette jouissance. Le prix ne sera pas dû, l'obligation n'étant pas remplie.

Mais le trouble peut être plus ou moins complet, si la chose louée est détruite en totalité, tout loyer ou fermage cesse de courir, le contrat est résilié.

Si la destruction n'est que partielle, le preneur peut, suivant les circonstances, demander ou une diminution du prix, ou la résiliation du bail. Mais que la destruction soit totale ou partielle, le locataire ne saurait prétendre à une indemnité. S'il opte pour la continuation du bail, peut-il exiger la réparation de ce qui subsiste encore de la chose louée ? Sur ce point controverse.

Il y aurait dans une certaine opinion une distinction à établir ici. Les réparations peuvent être exigées, si la destruction partielle donne au bailleur droit de réclamer quelque indemnité ; si la perte qu'il subit est sans compensation, le preneur ne peut rien exiger de lui.

Ce système ne s'appuie sur aucun texte et paraît arbitraire. Ainsi, l'action en indemnité qu'aurait le bailleur contre une compagnie d'assurance conférerait au preneur un droit qui lui échapperait sans cela : cette solution nous semble peu juridique.

D'après une autre opinion, soutenue par M. Troplong (*Du louage*, n° 220) contre M. Duvergier, « le locataire est toujours fondé à demander les réparations propres à assurer sa jouissance, » car les articles 1719 et 1720 obligent le bailleur à faire les réparations sans distinguer la cause qui les rend nécessaires. De plus, le refus du bailleur de faire les réparations enlèverait implicitement au preneur la faculté d'opter pour une continuation de bail impossible si les travaux de réfection ne sont pas exécutés.

L'opinion de M. Troplong ne nous satisfait pas entièrement : car, si le bailleur est toujours obligé de remettre la chose en bon état, on ne verrait pas pourquoi le preneur (art. 1722) demanderait une diminution du prix. A notre avis l'application de l'art. 1720 n'a pas à intervenir dans l'hypothèse prévue par l'art. 1722, et la solution de la difficulté présente consiste à bien dégager l'espèce prévue par l'art. 1720 de celle que règle l'art. 1722.

Le premier de ces articles suppose qu'au cours du bail, la chose louée subit quelque détérioration, peu importe la cause, cas fortuit, vétusté, etc.; le bailleur doit faire les réparations nécessaires.

L'art. 1722 suppose que, par suite d'un événement, d'un sinistre, la chose est détruite en totalité ou en partie. Elle n'est pas seulement détériorée, mais elle est en partie détruite; par exemple, l'aile d'un bâtiment a été incendiée. Dans ce cas il n'y a plus lieu à réparations, que le preneur peut toujours exiger (art. 1720), mais à reconstruction, qu'il ne peut jamais réclamer (art. 1722). La loi a jugé que, dans ce cas, l'exécution rigoureuse des obligations du bailleur lui pourrait être une cause de ruine.

Il se peut que des contestations s'élèvent sur le caractère des travaux à faire. Les tribunaux apprécieront cette question de fait et diront si la chose a été seulement détériorée ou doit être regardée comme en partie détruite.

Il va sans dire que le trouble par force majeure dont nous parlons est aussi bien celui qui résulte d'une détérioration matérielle que d'une impossibilité de jouissance de la chose, celle-ci restant intacte dans la dernière alternative. Par exemple, en temps de guerre, le locataire a été contraint de quitter son habitation envahie par les troupes ; le moulin que je louais ne marche plus faute d'eau ; les sources ont tari. Je suppose qu'il n'en est pas ainsi à toutes les époques de sécheresse, sinon, j'ai dû compter sur ces interruptions de jouissance, en convenant du loyer à payer.

Il est une espèce particulière de cas fortuit dont nous devons parler ici : l'insuffisance des récoltes. La loi s'en préoccupe dans les articles 1761 à 1770.

Il importe tout d'abord de constater : 1° que ces articles n'accordent une remise au fermier que si la perte qu'il éprouve égale au moins la moitié d'une récolte moyenne ; 2° qu'il s'agit toujours ici (les termes de l'article 1769 nous le rappelleraient au besoin) d'indemniser le preneur, de lui éviter une perte importante, aussi la remise qu'il obtiendra sera-t-elle proportionnelle à la perte subie.

Distinguons maintenant deux hypothèses : celle où

le bail est d'une seule et celle où il est de plusieurs années.

A) *Le bail n'est que d'une seule année.*

Pour apprécier si la valeur de la perte subie égale une demi-récolte moyenne, faut-il s'attacher à la quantité des fruits récoltés ou bien au cours auquel ils peuvent être vendus? Pour faire cette appréciation, c'est la qualité et la quantité des fruits qu'il faut considérer. L'article 1770 l'indique quand il parle de perte de la *totalité ou de la moitié* des fruits. Et la raison confirme cette interprétation. Le bailleur s'était engagé à faire jouir le preneur, il a rempli son obligation, si celui-ci recueille des fruits en quantité suffisante. L'abaissement considérable des cours est indépendant de l'exécution d'une obligation et ne saurait la rendre imparfaite.

Mais la situation inverse peut se présenter. Supposons la récolte insuffisante au point de vue de la quantité, mais dépassant en valeur la moitié d'une récolte moyenne en raison de l'excellence de sa qualité et de l'élévation exceptionnelle des cours. Ici le preneur ne pourra prétendre à aucune remise. En vain se plaindrait-il qu'il y a injustice à faire entrer maintenant, comme élément d'appréciation, la valeur vénale de la récolte, quand nous l'avions écartée dans la précédente hypothèse. Il n'y a pas injustice à refuser une indemnité au fermier, puisqu'il ne souffre aucune perte, ceci est manifeste et nous servait plus haut de point de départ dans cette discussion.

B) *Le bail est de plusieurs années.*

Pour qu'il y ait remise du prix, il faut non-seulement

que la perte atteigne l'importance que nous avons indiquée, mais de plus qu'elle ne soit pas compensée par
des années d'une fertilité exceptionnelle.

Pour savoir si l'année stérile cause un préjudice
dont la loi tient compte, on apprécie le produit moyen
que devraient donner les autres années réunies et on le
compare au produit effectif. Si ce dernier excède le
produit moyen, d'une valeur égale à l'insuffisance de
l'année stérile, il y a compensation, sinon il y a lieu à
remise proportionnelle. Ainsi l'on voit qu'il faut tenir
compte ici de la valeur des récoltes, et non de leur
quantité, abstraction faite de leur valeur vénale, car la
compensation entre produits de qualités différentes est
impossible si l'on n'a point un terme de comparaison;
c'est le cours des denrées qui peut fournir ce terme.

Remarquons aussi que les années médiocres dont
l'infériorité ne serait pas suffisante pour motiver une
indemnité entrent dans le calcul servant à établir que
les bonnes années ont ou n'ont pas compensé les mau-
vaises. En effet, aux termes de l'article 1769, il se fait
une compensation de toutes les années de jouissance.

Ajoutons que, quand survient une année stérile et
que les précédentes récoltes ne suffisent pas à indemniser le fermier, l'estimation de la remise ne peut avoir
lieu qu'à la fin du bail. Mais, pour ne pas imposer au
preneur une charge trop lourde, la loi permet au juge
de le dispenser provisoirement de payer une partie du
prix en raison de la perte soufferte (Art. 1769). Quand
nous parlons de remise de fermage, nous supposons

que la perte des récoltes arrive avant leur séparation du sol. Car à ce moment le preneur reçoit toute la jouissance qu'il a droit d'exiger du bailleur désormais libéré de son obligation.

S'il s'agissait d'un bail à métairie, les fruits étant communs entre le colon et le propriétaire, celui-ci supporterait sa part de perte jusqu'à ce que le partage soit opéré, à moins que le preneur ne fût en demeure de lui délivrer sa portion de récolte, et nous supposons alors que la perte ne fût pas également survenue si l'obligation avait été exécutée en son temps.

Rappelons aussi, avec l'art. 1771, que le fermier ne peut demander une remise lorsque la cause du dommage était connue des parties quand elles ont passé leurs conventions. N'ont-elles pas nécessairement dû les faire en conséquence ?

Les règles que nous avons données sur la garantie en cas de trouble causé par force majeure cessent de s'appliquer si le preneur avait expressément déclaré qu'il se chargeait des cas fortuits. Mais le législateur, voulant prévenir toute surprise, interprète cette stipulation dans le sens étroit, et déclare que le preneur ne supportera que les cas fortuits ordinaires, c'est-à-dire ceux qui ne sont point très-rares, et que l'on peut par conséquent jusqu'à un certain point prévoir, par exemple, la grêle, le feu du ciel, la gelée. On oppose à ces cas fortuits ceux que l'article 1773 nomme extraordinaires, parce qu'ils n'arrivent que très-rarement, comme les ravages de la guerre ou une inondation dans un pays qui en est habituellement exempt. Le preneur ne sup_ porterait ces derniers que s'il s'était chargé de tous les cas fortuits prévus et imprévus.

§ 2. — TROUBLE ÉMANANT DU BAILLEUR.

Après la délivrance, la première obligation du bailleur est de ne pas troubler le preneur dans sa jouissance. Nous avons déjà vu dans quelle mesure celui-ci est tenu de supporter le trouble causé par les réparations que nécessite la chose louée.

Les changements apportés à celle-ci et qui la rendent moins commode sont des troubles auxquels le preneur peut s'opposer. Ainsi le propriétaire ne pourra grever l'immeuble de servitudes de vue, de passage, etc., qui n'existaient pas avant le bail. Il ne pourrait pas non plus, sans l'agrément du fermier, convertir en terre labourable une prairie, et réciproquement, détourner un cours d'eau, etc.

Nous nous sommes déjà expliqué, en étudiant la nature des droits du preneur, sur l'introduction dans la maison louée d'une industrie rivale de celle d'un premier locataire. C'est donc pour ordre seulement que nous mentionnons ici cette question.

§ 3. — TROUBLE ÉMANANT DES TIERS.

Nous savons déjà qu'il convient ici de sous-distinguer parmi les troubles apportés par les tiers: 1° le trouble de fait, et 2° le trouble de droit; étudions-les séparément.

1° *Trouble de fait.* — Sans prétendre aucun droit à la chose louée, des tiers, par voie de fait, ont mis obstacle à la paisible jouissance du preneur. Celui-ci pourra-t-il demander une remise des fermages ou loyers, comme lorsqu'il y a trouble procédant de force majeure? On serait tenté de donner la même solution dans les deux cas. La loi dispose autrement cependant, le preneur ne pourra que recourir en son nom personnel contre l'auteur du trouble. Cette différence entre le trouble de fait dont nous nous occupons et celui qui résulte de force majeure tel que l'envahissement des lieux loués par l'ennemi, ou leur détérioration par le feu du ciel, s'explique ainsi : le preneur ne peut sans injustice supporter le risque des cas fortuits. Mais au cas de simple trouble de fait, il peut recourir personnellement contre le tiers qui en est l'auteur. Sa situation ne mérite donc pas autant d'intérêt que dans l'hypothèse précédente. De plus, le preneur n'est peut-être pas exempt de tout reproche ; souvent un peu de vigilance aurait suffi à écarter le trouble dont il est victime, il l'a peut-être même provoqué par son attitude malveillante vis-à-vis des tiers? on comprend donc que le législateur lui laisse le souci de se défendre lui-même.

Il n'en serait pas ainsi si le trouble avait commencé avant l'entrée en jouissance. Le bailleur doit le faire cesser, sous peine de manquer à l'obligation qui lui incombe de faire la délivrance.

2° *Trouble de droit.* — Si un tiers prétendant à un

droit quelconque sur la chose, propriété, usufruit, etc., trouble effectivement la jouissance du preneur, celui-ci se retournera contre le bailleur qui lui doit garantie, et a titre et qualité pour combattre les prétentions du tiers envahisseur.

Si le preneur est actionné en justice pour s'entendre condamner à délaisser tout ou partie de la chose louée, il devra nommer son bailleur, qui est en effet le véritable adversaire du demandeur; et c'est contre lui que l'action doit s'engager. Mais le preneur peut rester au procès, car il est intéressé au succès de l'affaire, et peut demander garantie à son bailleur qui lui doit jouissance paisible.

Le preneur troublé dans l'exercice de son droit obtiendra une diminution de loyer et même des dommages et intérêts. L'art. 1726 ne parle pas de ces derniers, mais il ne suppose pas évidemment que le preneur a subi une perte ou manqué un juste profit; car aucun bon motif n'apparaîtrait ici pour ne pas appliquer les art. 1147, 1148 et 1630. La résiliation du bail serait aussi prononcée si, par suite du trouble, les conditions de jouissance n'étaient plus acceptables pour le preneur.

Si celui-ci n'avait pas pris soin de dénoncer le trouble, et que les droits du bailleur aient été compromis par cette négligence, des dommages et intérêts, au lieu d'être attribués au preneur, pourraient être dus par lui au bailleur (Art. 1768).

SECTION IV.

Droit de sous-louer.

L'art. 1717 consacre au profit du preneur cette règle de droit commun, que l'on peut transférer à autrui le droit dont on est investi. Le fermier ou le locataire pourra donc sous-louer en tout ou en partie ; c'est ce qu'entend sans doute la loi en disant que le preneur pourra sous-louer et même céder son bail.

Il n'est pas douteux que la faculté lui soit donnée d'aliéner son droit au profit d'un tiers qui en deviendrait véritable acquéreur. Les rapports qui existeraient entre les contractants ne seraient plus alors soumis aux règles du louage, mais à celles de la vente. Donc le cédant n'assumerait pas l'obligation de livrer la chose en bon état de réparations de toute espèce, d'indemniser le cessionnaire si les récoltes sont insuffisantes ; d'autre part le privilége du bailleur lui échapperait, etc.

SECTION V.

Droits du preneur vis-à-vis les tiers.

Nous diviserons cette section en deux parties. Droits du preneur vis-à-vis les tiers : 1° au cas d'aliénation ou d'hypothèque de l'immeuble loué ; 2° au cas spécial d'aliénation sur saisie immobilière.

§ 1ᵉʳ. — DROITS DU PRENEUR VIS-A-VIS LES TIERS AU CAS
D'ALIÉNATION OU D'HYPOTHÈQUE DE L'IMMEUBLE LOUÉ.

Le preneur dont le bail n'excède pas 18 ans et a date
certaine antérieure à la vente, peut opposer son droit à
l'acheteur à moins de clause contraire insérée dans le
bail ; la loi *Emptorem* a été abrogée par l'art. 1743,
nous l'avons vu en étudiant la nature du droit conféré
au fermier ou locataire. Faut-il étendre cette innovation
à tous les cas d'aliénation à titre particulier ou la restreindre rigoureusement, selon les termes de la loi, à
l'hypothèse de la vente ? Nous pensons qu'il ne faut pas
choisir cette dernière alternative. La première est plus
conforme à la pensée du législateur. La loi n'a-t-elle
pas voulu assurer au preneur l'exécution entière de
son bail et lui donner toute sécurité ? Pourquoi le protéger vis-à-vis d'un acheteur, et le laisser expulser par
un échangiste ou un donataire ? Pothier déjà refusait à
ce dernier le bénéfice de la loi *Emptorem*, le Code ne
paraît pas avoir voulu le lui restituer, et cependant l'article 1743 ne parle que de l'acheteur, ce n'est donc pas
à ses termes mais à son esprit que l'on doit s'attacher.
Cet article a abrogé à propos de *la* vente une règle
générale édictée autrefois à l'occasion de ce même contrat, cette façon de procéder s'explique facilement.

Une seconde question apparaît sous l'art. 1743. Pour
opposer son droit à l'acquéreur, le preneur doit-il être
en possession ? Il le doit, dit-on : notre article implique

cette solution en disant que l'acquéreur ne peut expulser le preneur, car on n'expulse que celui qui est en possession. En outre, on comprend que l'acheteur supporte la jouissance du preneur quand il la connaissait avant de contracter, mais on comprend moins qu'un droit lui soit opposé que rien ne révélait. Il n'a pu acquiescer à une situation qu'il ignorait.

Nous répondons que l'art. 1743 ne s'explique pas par l'engagement tacite de l'acquéreur à entretenir le bail, mais par une obligation spéciale que lui impose la loi. Nous l'avons déjà vu, nous savons aussi que cet article est le complément de l'innovation introduite par la loi de 1791 ; or cette loi n'exigeait pas que le preneur fût en jouissance pour lui accorder sa protection. De plus le législateur de 1804, admettant que sans publicité ni tradition les droits réels se transmettaient même à l'égard des tiers, ne devait pas voir obstacle à ce que l'acquéreur, sans être averti par la possession du preneur, fût obligé de respecter le droit personnel de celui-ci.

Quand à l'expression expulser, il ne semble pas qu'il faille la prendre au pied de la lettre ; les travaux préparatoires du Code n'indiquent pas qu'on l'ait employée pour établir une distinction entre le cas où le preneur serait en possession et celui où il n'y serait pas. Aussi bien n'y a-t-il pas lieu de la faire sous l'article 1752 qui emploie également le verbe expulser. Il n'est pas douteux, en effet, que le bailleur puisse faire résilier le bail si le locataire ne garnit pas la maison de meubles suffisants, sans qu'il y ait à se préoccuper si celui-ci a pris ou non possession du logement. Ce qu'a voulu surtout la loi, c'est que le preneur traitât avec entière sécurité.

Le souci qu'elle prend de la tranquillité du fermier ou locataire apparaît encore sous l'article 1751 : il dé-cide que l'acquéreur à pacte de rachat ne peut, avant d'être devenu définitivement propriétaire, user de la faculté d'expulsion admise par une clause du bail con-formément à l'article 1743 *in fine*. On comprend faci-ment cette disposition. Ce n'est pas sans dommage que le preneur se trouve ainsi évincé ; aussi la loi ne l'o-blige-t-elle pas à subir l'effet de la clause d'expulsion, tant qu'il n'est pas certain que l'acquéreur qui l'invoque en profitera pour toujours. Et il y a grand'raison de penser qu'il ne deviendra pas propriétaire incommuta-ble, puisque le vendeur a aliéné avec l'intention de reprendre son immeuble. Ce motif disparaîtrait si, au lieu d'une aliénation à réméré, il s'agissait d'une alié-nation sous condition résolutoire ordinaire. Il n'y a alors pour le législateur aucun motif de croire que l'acquéreur a plus de chances de ne point conserver la chose que d'en rester propriétaire. Il nous semblerait téméraire d'étendre l'article 1751 à des hypothèses qu'il ne prévoit pas, et de paralyser l'effet d'une clause for-melle acceptée des parties.

Mais doit-on contraindre l'acquéreur à réméré à sur-seoir à l'expulsion du preneur, conformément à l'arti-cle 1751, si celui-ci lui oppose un bail sans date cer-taine? Les principes, à notre avis, conduisent à la négative. L'acquéreur à réméré est un tiers vis-à-vis du preneur, il peut méconnaître la date de l'acte qu'on lui oppose; si l'article 1751 ne rappelle pas cette règle c'est qu'elle est de droit commun, il n'est pas nécessaire de la relater dans tous les cas où elle peut être appliquée. L'écarter, serait exposer l'acheteur à réméré à des manœuvres contre lesquelles il serait sans défense.

Si l'article 1743 permet la clause d'expulsion, l'article 1748 exige que le preneur qui l'a acceptée n'en subisse l'exécution qu'après un avertissement donné dans les délais fixés pour les congés d'après les usages locaux. Le délai sera d'un an au moins si le preneur est un fermier de biens ruraux.

Nous renvoyons aux développements qui ont été donnés en étudiant la nature des droits du preneur, pour les autres questions que soulève l'article 1743. Il nous reste maintenant à rapprocher de cet article la disposition de la loi du 23 mars 1855 qui exige la transcription des baux de plus de 18 ans. Nous remarquerons que le bail à colonat partiaire, bien qu'ayant une grande affinité avec le contrat de société, est classé par l'article 1763 parmi les baux et se trouve sous l'empire de la loi de 1855. Le preneur qui voudrait s'y soustraire ne pourrait opposer son droit à l'acquéreur pour une durée supérieure à 18 ans. Mais une difficulté se présente: Que décider si le bail avant son expiration est renouvelé pour une durée qui jointe à celle qui reste à courir excède 18 ans? Par exemple, il reste à courir trois ans, et le bail est renouvelé pour 17 ans. L'immeuble est vendu, l'acquéreur supportera-t-il 20 ans de jouissance du preneur sans avoir été prévenu des charges qui pèsent sur l'immeuble?

Il semble, au premier abord, que l'affirmative serait inique. La loi n'a-t-elle pas voulu qu'un acquéreur ne pût jamais, sans être prévenu, souffrir un bail d'une durée excédant 18 ans?

Nous adoptons cependant l'affirmative. La loi n'a pas voulu qu'un seul bail non transcrit fût opposable au tiers pour plus de 18 ans. Mais elle n'a pas obligé à transcrire deux baux successifs dont la durée totale excéderait 18 ans. Remarquons que la loi de 1855 est une loi d'exception, et par conséquent doit être interprétée restrictivement. De plus, dans l'espèce qui nous occupe, si le second bail est consenti à un autre preneur qu'à celui dont la jouissance est en cours, on ne soutiendra pas que la transcription soit nécessaire. Pourquoi le serait-elle parce que le preneur est resté le même dans les deux contrats? La loi, nous le savons, voit favorablement les renouvellements de baux. C'est ainsi que le mari administrateur des biens de sa femme et l'usufruitier qui font des baux de 9 ans au maximum peuvent les renouveler pour cette durée deux ans ou trois avant l'expiration du premier bail. Sans doute, si le renouvellement a lieu longtemps avant l'expiration du bail, le danger sera grand pour l'acquéreur, mais alors, grande aussi sera la défiance des tribunaux. Ils admettront facilement la fraude et le second bail tombera au regard des tiers.

Demandons-nous maintenant si le preneur dont le bail est postérieur à la vente de l'immeuble doit être préféré à l'acquéreur, s'il a fait transcrire son bail avant la transcription de la vente?

Mourlon, dans son *Traité de la transcription,* se prononce énergiquement pour la négative. Il fait remarquer que le défaut de transcription ne peut être opposé que par les tiers ayant des droits sur l'immeuble, et qui les ont conservés en se conformant aux lois. Il insiste sur des déclarations faites au Corps législatif, et d'après lesquelles les tiers dont parle l'article 3 de la loi de 1855 ne sont pas les créanciers chirographaires, comme semblait l'autoriser le projet de loi, qui a été modifié. Toute personne qui a un droit quelconque à défendre ne peut se prévaloir de la clandestinité du titre qui lui est opposée; l'article 3 ne donne cette prérogative qu'aux tiers ayant un droit sur l'immeuble. Or, le preneur a-t-il un droit de cette nature? N'est-il pas un simple créancier chirographaire? Les partisans du droit personnel ne doivent-ils pas lui refuser la faculté de se prévaloir du défaut de transcription?

Cette argumentation nous paraît sévère: nous craignons qu'elle ne poursuive le *summum jus,* et n'atteigne point la pensée du législateur. Nous ne nions pas qu'en ajoutant les mots « sur l'immeuble » le législateur ait voulu ôter aux simples créanciers chirographaires le droit d'exciper du défaut de transcription ; ainsi, nous admettrions qu'un preneur dont le bail n'excédant pas dix-huit ans, et ayant date certaine antérieure à la transcription, mais postérieure à celle de l'acte d'aliénation de l'immeuble loué, ne·puisse se prévaloir du défaut de publicité de la vente qui lui est opposée. Mais nous pensons avec M. Flandin (*Traité de la transcription*, t. II, n°ˢ 1262 et 1265) que le législateur de 1855 a assimilé les baux de plus de dix-huit ans aux actes constitutifs de droits réels. N'y aurait-il pas souveraine injustice à ce qu'il en fût autrement ? Pourquoi le fermier ou locataire assujetti à l'obligation de transcrire comme le titulaire d'un droit réel ne jouirait-il pas des mêmes prérogatives que ce dernier ? Son bail est de longue durée, il a traité en sécurité ; en vue de son exploitation, il a fait peut-être des dépenses, passé des marchés importants, il transcrit ; le voilà en règle vis-à-vis des tiers ; et ceux-ci, assujettis à la même obligation que lui, pourraient lui opposer un titre clandestin ! N'y aurait-il pas lieu d'ajouter ici « *summa injuria*? » L'interprétation que nous donnons à la loi de 1855, article 3, paraît être confirmée par les discussions législatives du Conseil d'Etat. (*Rapport* de M. Bayle-Mouillard, aud. de la Ch. civ., 6 mai 1850. *Dal.*, 60, I, 238, note 2).

L'hypothèse analogue à celle que nous venons d'étudier peut se présenter au cas où une hypothèque est constituée antérieurement au bail, mais inscrite postérieurement à la transcription de celui-ci. La solution que nous avons adoptée dans l'hypothèse d'aliénation du droit réel par excellence, la propriété, doit être suivie quand il s'agit d'un droit réel moins absolu, l'hypothèque. Le preneur prime, si l'on peut ainsi parler, le créancier hypothécaire, comme nous avons vu tout à l'heure qu'il primait le tiers acquéreur. Mais il sera nécessairement primé par eux si, la situation étant

changée, le preneur a acquis son droit avant le créancier hypothécaire ou l'acquéreur, mais n'a transcrit
qu'après eux. Et ici nous tenons implicitement la solution de la question suivante :

Le preneur dont le bail excède 18 ans peut-il opposer
son droit pour toute sa durée aux créanciers hypothécaires inscrits avant la conclusion et la transcription
du bail ? Nous pensons qu'il ne peut faire valoir son
droit pour plus de 18 ans.

On soutient cependant qu'il le peut : car, dit-on, la
concession d'une hypothèque n'enlève pas au débiteur
le droit de passer des baux. Aussi, l'article 684 du Code
de procédure civile dit-il implicitement que les baux
ayant acquis date certaine avant le commandement ne
pourront être annulés par les créanciers ou par l'adjudicataire.

De plus, le preneur, en faisant transcrire, s'est conformé à la loi, son droit doit donc être respecté pour
toute la durée du bail.

Nous répondons: La transcription d'un bail postérieur à la concession et à l'inscription d'une hypothèque ne saurait mettre en sécurité le preneur : car sa
transcription, qui a pour but de prévenir les tiers, se
trouve être inutile au créancier hypothécaire dont le
droit existait déjà quand celui du preneur n'était pas
né encore. Que l'on ne nous accuse pas de violer l'article 684 du Code de procédure, car il peut très-bien ne
s'appliquer qu'aux baux d'une durée moindre de 18
ans. Enfin, rappelant la déduction à laquelle nous étions
arrivé en abordant cette question, et la présentant sous

la forme commode pour l'argumentation dont nous avons usé alors, nous dirons : Si nous avons donné la préférence au créancier hypothécaire ayant acquis son droit après le preneur, mais l'ayant fait inscrire avant la transcription du bail, à plus forte raison maintiendrons-nous cette solution, si son droit est né et inscrit avant celui du preneur. Ce dernier ne pourra donc, dans notre espèce, opposer son droit au créancier hypothécaire pour plus de 18 ans.

Mais comment calculer les 18 ans dont parle la loi de 1855? Quel point de départ adopter? Sur cette question, très importante, on est loin d'être d'accord, et d'abord il convient de distinguer si le preneur est en conflit avec un tiers acquéreur ou avec un créancier hypothécaire.

A. — *Conflit entre le preneur et le tiers acquéreur.*

D'après une première opinion que nous écartons, mais non pas sans hésitation, le point de départ des 18 ans serait le commencement de la jouissance locative, ou tout au moins de la période de 18 ans qui se trouve en cours d'exécution au moment où la vente est transcrite. En effet, dit-on, si le preneur ne fait pas transcrire, c'est qu'au regard des tiers il ne tient son bail que pour une durée maximum de 18 ans, et l'acquéreur le tenant pour tel lui laissera achever son bail de 18 ans commencé, mais pas davantage. L'hypothèse prévue par l'article 1429 du Code civ. dicte cette solution. Elle a, du reste, été adoptée par la loi belge du 16 décembre 1871, article 1er. Si ces baux, dit-elle, n'ont pas été transcrits, la durée en sera réduite conformément à l'article 1429 du Code civil.

On peut répondre que l'analogie dont on tire argument n'est pas parfaite : car, dans l'espèce prévue par l'art. 1429, c'est l'administrateur du bien d'autrui qui a fait le bail, tandis qu'ici le bail a été fait par le propriétaire lui-même.

Une seconde opinion fait courir les 18 ans du jour de la vente. Il nous semble difficile d'admettre que l'acquéreur qui n'a pas encore transcrit puisse se prévaloir du défaut de transcription du bail.

Enfin on soutient aussi qu'il faut, pour le calcul des 18 ans, s'attacher à la date de la transcription du contrat de vente; nous croyons cet avis préférable : car il nous paraît tenir compte de la pensée qui devait apparemment guider les législateurs de 1855. Aux termes de l'art. 1743, le bail ayant date certaine antérieure à la vente est respecté pour toute sa durée par l'acquéreur, tel est le principe. Mais on trouva que la charge de supporter le bail était trop lourde quand elle dépassait une certaine mesure que l'on évalua à 18 années. On garantissait ainsi à l'acquéreur qu'il n'aurait pas à subir, sans avoir été prévenu, un bail de plus de 18 ans. Mais en deçà de cette limite, il n'a pas de protection contre l'art. 1743, qui forme le droit commun.

B. — *Conflit entre le preneur et le créancier hypothécaire.*

Pour préciser, nous rappelons que le preneur n'ayant pas transcrit, ou ne l'ayant fait qu'après l'inscription de l'hypothèque, ne peut opposer son droit au créancier pour plus de 18 ans; mais à partir de quelle époque faire courir les 18 ans?

A partir de l'adjudication, dit-on dans un premier système, car c'est alors que le bail devient nuisible au créancier, en entravant la transformation de l'immeuble en argent.

Nous pensons que le commandement prescrit par l'article 673 du Code de procédure civile fixe le point de départ que nous cherchons. En effet, c'est à ce moment que le créancier déclare qu'il entend mettre en exercice son droit hypothécaire. Jusque-là, ce droit n'était pour ainsi dire qu'en puissance; il n'empêchait pas le débiteur de consentir des baux à son gré; mais au jour du commandement il se relève et prend vie en quelque sorte (1). L'immeuble hypothéqué serait immédiatement converti en argent, sans des délais et des formalités nécessaires qui ne doivent pas préjudicier au créancier hypothécaire.

§ 2. — DROITS DU PRENEUR VIS-A-VIS LES TIERS AU CAS SPÉCIAL D'ALIÉNATION SUR SAISIE IMMOBILIÈRE.

Les tiers dont il est ici question sont les créanciers et l'adjudicataire. L'article 684 du Code de procédure décide que les baux qui n'auront pas acquis date certaine avant le commandement pourront être annulés, si les créanciers ou l'adjudicataire le demandent.

En principe, le débiteur peut passer des baux comme

---

(1) N'est-ce pas en effet, à dater de ce commandement que les baux consentis par le débiteur peuvent être annulés?

il l'entend ; mais quand le commandement précédant la saisie immobilière a eu lieu, la loi devient défiante, craint la fraude de la part du débiteur qui contracterait à des conditions désavantageuses pour les créanciers ; les droits conférés au preneur par un bail n'ayant pas date certaine antérieure au commandement sont affectés d'une précarité particulière, laquelle? La réponse à cette question est utile; en effet ne serait-on pas tenté de voir dans l'article 684 du Code de procédure une disposition superflue, puisque déjà l'article 1167 du Code civil donnait aux créanciers le droit de faire tomber les actes faits en fraude de leurs droits? La pensée vraisemblable de la loi a été de donner aux baux ayant date certaine la présomption de sincérité, sauf la preuve contraire à la charge des créanciers. Quant aux baux n'ayant pas date certaine avant le commandement, leur date est suspecte ; ils sont présumés frauduleux, sauf la preuve contraire à la charge du preneur. C'est pourquoi l'article 684 du Code de procédure ne dit pas que le bail sera annulé, mais pourra être annulé sur la demande des créanciers. Ceux dont il est ici question sont les créanciers hypothécaires qui sont parties à la saisie. Mais l'expression large de l'article 684 semble bien s'appliquer aussi au créancier saisissant, fût-il simplement chirographaire.

Si les créanciers n'ont pas fait tomber le bail, l'adjudicataire a droit d'en demander l'annulation. Mais, dira-t-on encore, quelle était l'utilité de l'article 684 du Code de procédure en présence de l'article 1743, qui permettait à l'acquéreur de ne pas respecter un bail qui

n'avait point date certaine antérieure à son acquisition ?
Faut-il dire, pour ne pas voir une redite de l'article 1743
du Code civil dans l'article 684 du Code de procédure,
que le preneur pourra être expulsé ou maintenu selon
l'appréciation des tribunaux, tandis que sa situation
dépend de la volonté de l'acquéreur ordinaire aux termes
de l'article 1743 ?

Aucun motif ne justifierait cette explication rigoureuse pour l'adjudicataire; l'article 684 du Code de
procédure, au contraire, lui est favorable, voici en quoi :
si le bail a date certaine antérieure à l'adjudication,
l'adjudicataire aux termes de l'article 1743 est forcé de
respecter les droits du preneur. Mais si la date certaine
antérieure à l'adjudication est postérieure au commandement de l'article 673 du Code de procédure, alors
l'article 684 du même code offre à l'adjudicataire un
secours qu'il ne trouvait pas dans l'article 1743. Le
bail pourra être annulé.

SECTION VI.

Droits du preneur en cas d'expiration et de résiliation
de bail.

§ 1er.

Nous connaissons déjà les droits du preneur en cas
de cessation du bail pour perte totale ou partielle, pour
impossibilité ou défaut de jouissance. Nous savons

dans quels cas le bail sera ou pourra être résilié, avec ou sans dommages et intérêts; nous ne revenons pas sur ces points, il suffit de les rappeler ici.

§ 2.

Le bail a suivi son cours jusqu'au terme convenu entre les parties; ce délai expiré, le preneur est laissé en possession pendant un certain temps, aucun congé n'ayant été signifié; il se forme alors une tacite reconduction en vertu de laquelle le preneur a droit d'être laissé en jouissance. Il pourra l'exiger en faisant appliquer les règles sur les baux désignés par la loi sous le nom de « locations faites sans écrit » (Art. 1736, 1759, 1779, C. civ.).

§ 3.

Nous signalerons ici que le fermier sortant a droit d'exiger de celui qui entre dans la ferme les logements convenables, et autres facilités pour la consommation des fourrages et pour les récoltes restant à faire. Cette règle n'est-elle pas imposée par la force des choses? Les deux fermiers, celui qui prend la ferme, et celui qui la quitte, se doivent nécessairement des services réciproques que règle l'usage des lieux.

§ 4.

Nous avons vu, en étudiant l'article 1743, que si l'aliénation de l'immeuble loué n'est plus une cause de résolution du bail, la clause contraire a pu être insérée dans le contrat de location.

Souvent cette clause réglera aussi quelles pourront être au cas d'aliénation de l'immeuble les prétentions du preneur expulsé. Si elle est muette en ce point, la loi trace alors elle-même les règles suivantes, que nous allons indiquer rapidement :

Et d'abord notons que le bailleur est débiteur de l'indemnité à laquelle prétend le preneur. Mais ce dernier sera forcé de sortir des lieux loués, seulement :

1° Après payement des dommages et intérêts : donc l'acquéreur, pour entrer en possession, devra en faire l'avance si le bailleur tardait à acquitter sa dette ; cette avance ne serait pas nécessaire si le bail n'avait pas date certaine (art. 1750) ;

2° Après avoir reçu congé de l'acquéreur.

Combien de temps devra s'écouler entre le congé et la sortie du locataire? L'usage des lieux l'indiquera ; cet intervalle est d'un an au moins s'il s'agit de baux à ferme (Art. 1748).

La loi ne détermine pas dans quel délai après son acquisition l'acquéreur doit donner congé ; il nous paraît impossible d'admettre que le preneur qui n'a point reçu le droit d'abandonner le bail puisse rester indéfiniment à la merci de l'acquéreur. Les tribunaux apprécieront si la durée du silence gardé par celui-ci est suffisante pour équivaloir à l'acceptation de la situation existant au jour de l'acquisition. Rien n'empêcherait, du reste, le preneur de mettre l'acquéreur en demeure d'exercer son droit d'option.

Voici comment à défaut de conventions la loi règle l'indemnité dans notre hypothèse :

S'il s'agit d'une maison, appartement ou boutique, les dommages et intérêts à payer seront égaux au prix du loyer pendant l'intervalle accordé selon l'usage des lieux entre le congé et la sortie.

S'il s'agit de biens ruraux, l'indemnité est fixée au tiers du prix du bail pour tout le temps restant à courir. Le fermier, en effet, devait espérer des profits sur les années de jouissance auxquels il avait encore droit.

Enfin, en ce qui concerne les établissements qui exigent de grandes avances, tels qu'usines, manufactures, etc., l'indemnité se règlera par experts.

§ 5. — DROITS DU PRENEUR EN CAS D'EXPROPRIATION POUR CAUSE D'UTILITÉ PUBLIQUE.

Parmi les cas d'aliénation qui entraînent l'extinction du bail, l'un des plus intéressants pour le preneur est l'expropriation pour cause d'utilité publique : en effet, au nombre des parties qui peuvent réclamer des indemnités à l'expropriant, figurent les fermiers et les locataires.

Le preneur peut éprouver un préjudice réel par suite de l'expiration anticipée du bail ; les dépenses d'installation devenues inutiles, la privation d'une jouissance très-avantageuse, la difficulté de passer un bail nouveau, etc., légitiment parfaitement ses réclamations.

Le jury appréciera l'étendue des pertes subies, mais,

ajoutons-le, il n'aura pas à tenir compte des bénéfices espérés.

On peut se demander si, dans quelques hypothèses spéciales, le jury, sans avoir à peser l'importance des pertes subies, ne trouve pas sa décision écrite dans le contrat de bail ou dans la loi.

Et d'abord, s'il a été convenu entre le bailleur et le preneur qu'en cas de vente l'acquéreur pourrait expulser celui-ci, les dommages et intérêts ayant été fixés, en prévision de cette éventulité, à une somme de...., le jury devra-t-il accepter aveuglément cette évaluation? A notre avis, la question doit se résoudre en fait; le jury devra avant tout se pénétrer de l'intention des parties manifestée dans la clause. En effet, s'il appert que le preneur prévoyait pouvoir être expulsé du jour au lendemain, il a dû fixer dans le bail le chiffre le plus élevé du préjudice que la résiliation anticipée de ce contrat lui causerait, voici donc un maximum d'évaluation pour le jury. Mais il devra examiner si en fait la perte éprouvée atteint ce maximum et n'allouer que ce qui est juste.

La clause dont nous nous occupons peut révéler une autre situation : Il se peut que le preneur ait accepté l'expulsion en cas d'aliénation avec une indemnité très-modérée ; car il sait que le propriétaire ne vendra qu'à la dernière rigueur et après que son fermier aura trouvé une autre exploitation. Dans ce cas le chiffre indiqué au contrat ne sera plus un maximum, en effet l'expropria-tion peut faire au preneur une situation beaucoup plus rigoureuse que celle qu'avaient prévue les parties. No-

tons aussi que, pas plus que dans le premier cas, l'é-
valuation faite par les parties n'est un minimum imposé
au jury.

Si le bail réserve la faculté à l'acquéreur d'expulser
le preneur, mais garde le silence sur le montant de l'indemnité, le jury devra-t-il lire sa décision dans les articles 1745, 1746, 1747 du C. civ. ? Oui, dira-t-on, car
les parties l'ont acceptée tacitement en négligeant de
fixer elles-mêmes les dommages et intérêts qui seraient
dus en cas d'expulsion du preneur par l'acquéreur,
sauf à l'expropriant à faire réduire l'indemnité calculée
d'après les articles 1745 et suiv., puisque l'exproprié ne
peut jamais réclamer que la valeur des pertes qu'il
éprouve.

Nous ne saurions nous ranger à cet avis. Car la loi
et les situations diverses des parties semblent s'y opposer.

Si la loi du 3 mai 1841 avait entendu généraliser un
procédé d'évaluation édicté au titre du louage, dans un
cas particulier n'y aurait-elle pas renvoyé? Elle paraît
abandonner entièrement à l'appréciation du jury l'évaluation des indemnités à allouer. Or les articles 1745
et suiv. du C. civ. laissent-ils place à cette large appréciation? N'y lit-on pas plutôt une formule absolue
qui serait pour cela très-souvent injuste? En effet, le
préjudice souffert variera indéfiniment avec les situations dont les jurés tiendront un compte minutieux.

Si le fermier ou locataire, en contractant, a accepté
son expulsion au cas d'aliénation ordinaire de l'immeuble sans stipuler quelle indemnité lui serait payée, c'est

qu'il a accepté les bases d'évaluation fixées par la loi.
Mais, comme nous l'indiquions plus haut, elles étaient
peut-être acceptables pour le preneur, parce qu'il prévoyait dans quelles conditions le propriétaire aliénerait ;
mais elles n'eussent pas été agréées si l'aliénation devait
avoir lieu malgré le propriétaire.

En résumé, la loi qu'a acceptée expressément ou tacitement le preneur ne peut le lier dans une situation
qu'il n'a pas dû prévoir.

!Mais peut-il réclamer une indemnité s'il n'a point
de bail qui lui garantisse un certain temps de jouissance ?

Il ne le peut pas, à notre avis. En effet, la contrariété
que lui cause son expulsion ne fait naître aucun droit
à son profit; et, puisqu'il n'en trouve pas dans son bail,
d'où lui viendrait-il? En ne passant point bail, n'avait-
il pas accepté la situation dont il se plaint? L'administration lui donnera congé dans les délais de droit,
comme l'eût fait le bailleur, et comme ce dernier, elle
n'est tenue à rien de plus.

En modifiant notre espèce, la question devient plus
délicate. Un bail a été fait pour plusieurs années, mais
n'a point date certaine antérieure à l'expropriation. Le
preneur a-t-il droit à une indemnité? Non, dit-on, dans
un premier système, car aux yeux des tiers le bail
n'existe pas. (Art. 1328). L'article 1750 déclare que, si
le preneur expulsé en cas d'aliénation de l'immeuble
loué n'est pas protégé par un bail ayant date certaine,
il ne peut rien réclamer à l'acquéreur. Pourquoi la loi
accorde-t-elle une indemnité au preneur? Parce que

l'expropriant le prive d'une jouissance à laquelle, en dépit de l'aliénation de l'immeuble, l'article 1743 lui donne droit. Or, dans l'espèce, cet article ne lui est d'aucun secours, puisqu'il a négligé de faire enregistrer le bail. Il ne peut réclamer à l'expropriant une indemnité pour la violation d'un droit qui n'existe pas au regard des tiers.

Nous pensons, avec les partisans du système opposé, que le preneur peut obtenir une indemnité.

Le principe qui doit diriger la décision du jury est l'équité. Il s'agit de régler des intérêts particuliers sacrifiés à l'intérêt général, et une situation imprévue contre laquelle les parties ne pouvaient se mettre en garde. L'argumentation par laquelle on nous combat nous semble incomplète. En effet, s'il est vrai qu'un preneur, dont le bail n'a pas date certaine antérieure à l'acte d'aliénation, ne peut opposer son droit à l'acquéreur, il faut ajouter qu'il aura un recours en garantie contre le bailleur. De plus, l'événement a montré qu'il a eu tort de se fier à la bonne foi de celui-ci, s'il souffre quelque dommage il n'a pas droit de se plaindre. Mais en cas d'expropriation, les conditions sont changées. Si le preneur ne reçoit point d'indemnité de l'expropriant, pourra-t-il se retourner contre le bailleur? Aucunement, celui-ci n'est pas en faute, il subit un cas de force majeure. Peut-on dire que le fermier ou locataire qui n'avait pas fait enregistrer son bail et s'en remettait à la discrétion du propriétaire devait supporter les conséquences d'une confiance exagérée? Point du tout, l'événement ne prouve en rien que cette confiance ait été mal placée : le bailleur subit l'expropriation et ne la provoque pas.

Refuser l'indemnité au preneur n'est donc point appliquer un principe d'équité, et nous croyons que c'est aller à l'encontre de la pensée du législateur de 1841. Celui-ci ne nous dit-il pas d'une façon générale que les fermiers ou locataires ont droit à une indemnité? S'il y avait lieu d'introduire des distinctions, eût-il gardé le silence quand au code il se montre si précis dans les articles 1743 et 1750? Du reste y a-t-il lieu de s'étonner de ne pas retrouver ici la distinction établie par ces articles? Non, et nous l'indiquions tout à l'heure en montrant que si le preneur, sous l'empire de ces articles, est sans droit vis-à-vis du tiers acquéreur, il a son recours contre le bailleur. Or il ne l'a point dans l'espèce contre l'exproprié. En outre, l'expropriant doit-il être assimilé à un acheteur ordinaire, lui qui pour acquérir emprunte la force de la loi et suit un système exceptionnel relatif à la fixation du prix de l'immeuble et à son exonération de toute charge ? Le jury n'a-t-il pas un pouvoir discrétionnaire pour apprécier la sincérité des titres qui lui sont présentés? Nous ne nions pas qu'il doive se montrer circonspect et particulièrement défiant, aujourd'hui que tous les baux sont soumis à la formalité de l'enregistrement, ce qui rend moins explicable la négligence du preneur, mais enfin l'appréciation du jury reste entière à notre avis ; des considérations de toute nature pourraient le déterminer ; par exemple n'ajouterait-il pas foi au bail qui lui est présenté, si des dépenses ont été faites, avant qu'il ne soit question de l'expropriation, en vue d'une longue jouissance ?

Enfin le preneur pourra-t-il diriger quelque réclamation contre l'expropriant, s'il a été stipulé dans le bail que le locataire n'aurait droit à « aucune indemnité en cas d'expropriation ? »

On peut dire en faveur de l'affirmative que la renonciation à l'indemnité ne se présume pas ; que la clause intervenue entre le bailleur et le locataire est, vis-à-vis de l'expropriant, *res inter alios acta* ; qu'en vain on soutiendrait que l'expropriant, ayant cause de l'exproprié, succède à ses droits comme à ses obligations ; car celui-là ne succède aux droits de celui-ci qu'après avoir préalablement acquitté toutes les indemnités.

Nous sommes partisans de la négative et nous répondrons que l'exproprié, subissant un cas fortuit, ne doit rien en principe au preneur ; que pour expliquer la convention intervenue entre ce dernier et le bailleur, il faut supposer que le fermier ou locataire a entendu renoncer à toute réclamation envers le débiteur de l'indemnité, c'est-à-dire envers l'expropriant. Il importe de remarquer qu'une telle stipulation n'était pas sans intérêt pour le bailleur. En effet, l'exonération de toute charge de bail augmente la nature vénale de son immeuble et lui donne droit à une indemnité plus élevée. Il a dû payer cet avantage en accordant des conditions favorables au preneur. La justice exige donc que celui-ci ne puisse se prévaloir de son bail contre l'expropriant, sous peine de diminuer, au préjudice du propriétaire, la valeur de l'immeuble, tandis que lui-même « recueillerait deux fois le prix de la même chose. En effet, il a payé un loyer moindre à cause de l'expulsion à laquelle il était exposé, et il reçoit une indemnité comme si cette éventualité n'eût pas existé pour lui. » (Arrêt du 24 fév. 1860, Sirey, 60, 2, 311 à 313).

Quant à l'objection tirée de ce que l'expropriant n'est aux droits de l'exproprié qu'après avoir payé les indemnités aux intéressés, nous l'écartons en disant : Pour donner une indemnité au preneur, il faut que l'expropriant consulte le bail auquel il n'a pas été partie, pourquoi devrait-il subir les clauses qui lui sont défavorables et ne profiterait-il pas de celles qui lui sont avantageuses ?

Enfin, poursuivrons-nous, est-il exact de dire que l'expropriant ne succède pas aux droits de l'exproprié avant le payement de toutes les indemnités ? Nous convenons qu'il ne peut avant l'acquittement de cette obligation entrer en possession, mais le jugement d'expropriation ne lui a-t-il pas transporté la propriété, et avec elle les droits de l'exproprié ? Ainsi, l'objection qui nous est faite s'écroule de toutes parts.

Nous avons supposé, dans les solutions données jusqu'ici, que le preneur a été évincé par l'expropriant. Mais que décider dans le cas où celui-ci notifie aux locataires qu'il entend respecter leurs baux et ne pas interrompre leur jouissance ? Les locataires peuvent-ils prétendre droit à une indemnité par le seul effet du jugement d'expropriation ? question subordonnée à cette autre : Le jugement d'expropriation pour cause d'utilité publique emporte-t-il résolution immédiate de tous les baux en cours d'exécution, dans l'intérêt des locataires et dans celui de l'expropriant?

La Cour de cassation par arrêt du 16 avril 1862 (*Sirey*, 62, 1, 721) a répondu affirmativement, et cette doctrine nous paraît devoir être suivie. En effet, il n'est pas douteux que l'administration doive acquérir l'immeuble exproprié libre de toute charge qui en entraverait la disposition. Aussi la loi déclare-t-elle que tous les droits réels qui grèvent l'immeuble exproprié sont transportés de la chose sur le prix (L. du 3 mai 1841, art. 17 et 18).

Ici ne va-t-on pas nous arrêter par l'objection suivante? Si le droit du preneur était réel, nous dira-t-on, vous pourriez tirer argument en votre faveur des articles précités; mais vous ne le pouvez plus, si vous vous prononcez en faveur du droit personnel. Sans abandonner ce système, que nous avons soutenu dans ce travail même, on peut considérer le droit du fermier et du locataire comme assimilé aux droits réels en ce qui concerne l'expropriation pour cause d'utilité publique; n'est-il pas une entrave pour l'expropriant tout aussi bien qu'un droit d'usufruit, d'usage ou de servitude? Aussi l'art. 21 de la loi de 1841 oblige-t-il le propriétaire à faire connaître ses fermiers et locataires. L'article 28 n'oblige-t-il pas l'administration à citer devant le jury tous les intéressés désignés par le propriétaire? l'art. 39 n'oblige-t-il pas le jury à prononcer des indemnités distinctes en faveur de tous les intéressés désignés dans l'art. 21? On doit donc, dans la matière qui nous occupe, mettre sur la même ligne le preneur et les titulaires de droits réels. L'article 55 de la loi de 1841 donne droit aux parties de poursuivre elles-mêmes le règlement de l'indemnité et de provoquer la désignation du jury. Ce droit actuel à l'indemnité ne suppose-t-il pas aussi l'extinction immédiate des droits des intéressés ? Si les art. 17 et 18 de notre loi ne disent pas que le droit du preneur sera transporté sur le prix, et que l'immeuble en sera affranchi comme des priviléges et hypothèques, etc., c'est que ces expressions convenaient aux droits réels, mais pas à un droit personnel. Mais dans l'espèce qui nous occupe, des textes cités plus haut résulte, nous le répétons, l'assimilation des droits du preneur aux droits réels grevant l'immeuble exproprié.

Si la résolution du bail a lieu par le seul fait du jugement d'expropriation, comment admettre que l'expropriant seul puisse l'invoquer ? Ne serait-il pas inique que, le jugement d'expropriation prononcé, l'expropriant puisse contraindre le locataire ou fermier à entretenir le bail, quand celui-ci ne pourrait l'y contraindre en renonçant à l'indemnité ? Si l'on objecte que l'art. 1743 autorise l'acheteur à méconnaître un bail qui n'a point date certaine sans que le preneur puisse user de réciprocité vis-à-vis de lui, on répondra que l'art. 1743 contient une dérogation à une règle générale, on ne saurait donc l'étendre sans y être autorisé par un texte formel. En outre l'expropriant agissant d'autorité et sans consulter les convenances des parties n'a aucun titre à bénéficier de la situation favorable de l'acquéreur ordinaire vis-à-vis d'un preneur dont le bail n'a point date certaine.

Si donc le jugement d'expropriation opère résolution immédiate des baux en cours d'exécution vis-à-vis de l'expropriant et du preneur, ce dernier peut réclamer indemnité alors même que l'expropriant manifesterait l'intention de ne pas l'évincer. Le jury appréciera l'étendue du préjudice subi par le locataire dont le droit de jouissance se trouve remplacé par une simple possession de fait toujours précaire. (*Sirey*, 62, 1, 721). Souvent sans doute le préjudice sera de minime importance, minime alors sera l'indemnité. Mais le dommage peut être cependant très-sérieux dans certains cas. Que l'on suppose, par exemple, que le locataire envers qui l'on s'engage à continuer le bail, se trouve, par suite de l'expropriation, isolé dans un quartier jusque-là très-fréquenté, au milieu des décombres, etc., ne peut-il pas à bon droit refuser la continuation de bail qu'on lui propose.

Nous pouvons modifier l'espèce que nous venons de résoudre, et supposer une cession amiable intervenue après une déclaration d'utilité publique même avant tout arrêté de cessibilité, et réalisée par acte publié conformément aux dispositions de la loi du 3 mai 1841. Les preneurs dans ce cas pourront-ils réclamer une indemnité ?

Nous répondrons affirmativement ; car l'art. 19 de la loi de 1841 assimile, pour leurs effets, les conventions amiables intervenues dans les conditions indiquées, au jugement d'expropriation, et par conséquent, donne au preneur les mêmes droits que si ce jugement était intervenu.

On objecte qu'aux termes de l'art. 1 de notre loi, l'expropriation pour cause d'utilité publique s'opère par autorité de justice. Mais cet article vise le cas où le propriétaire refuse son consentement à la cession, ou se trouve en désaccord avec l'administration pour la fixation du prix. Si l'entente a eu lieu sur ces points, il est inutile de recourir aux voies judiciaires, mais il reste à régler les conséquences de cette entente qui ne peut préjudicier au preneur (1).

Nous venons d'étudier les droits du preneur au regard de l'expropriant, examinons-les rapidement au regard de l'exproprié.

Nous l'avons déjà vu, le bailleur supporte dans l'expropriation un cas fortuit, et ne doit personnellement aucune indemnité au preneur. Cependant, l'art. 21 de la loi du 3 mai 1841 dit que, si le propriétaire néglige de faire connaître à l'administration ses fermiers et locataires (qui pourraient se déclarer eux-mêmes), il restera seul chargé envers eux des indemnités qu'ils pourront réclamer. Cette disposition laisse intact notre point de départ. En effet la charge qui incombe au bailleur résulte de son silence préjudiciable au preneur;

(1) D'autres difficultés relatives aux droits du preneur dans ses rapports avec l'expropriant peuvent se présenter. On se demandera par exemple si l'administration ayant été forcée d'acheter en entier un immeuble dont une portion seulement serait nécessaire aux travaux, le preneur pourrait exiger la résiliation du bail pour le tout avec indemnité, ou seulement pour la partie nécessaire aux travaux. Et dans le cas où l'on choisirait la 1re solution, devrait-elle encore être maintenue si le propriétaire de l'immeuble n'use pas de la faculté accordée par l'art. 50 de la loi du 3 mai 1841 ? — Nous nous bornons à examiner ou à indiquer quelques questions relatives aux droits du preneur en cas d'expropriation pour cause d'utilité publique. Cette seule étude pourrait faire l'objet d'un travail spécial.

il est juste qu'il répare ce dommage (Art. 1382, C. civ.).

Si l'immeuble loué n'était que partiellement exproprié, l'indemnité allouée au preneur laisserait entiers ses droits contre le propriétaire; par suite de sa dépossession il pourrait donc demander suivant les circonstances ou la résiliation du bail ou sa continuation avec diminution de loyer. (Art. 1722, C. civ.). Les choses se passent ici encore comme si le propriétaire avait été victime d'un cas fortuit.

Enfin si l'expropriant avait refusé de reconnaître le bail présenté par le preneur, et obtenu gain de cause devant le jury, le fermier ou le locataire aurait-il recours contre le bailleur? Nous pouvons supposer par exemple que le jury, se prononçant contre le système que nous défendions tout à l'heure, ait décidé que les baux n'ayant pas date certaine antérieure à l'expropriation sont tenus comme non existants au regard de l'expropriant. Le preneur débouté de sa demande pourra-t-il dire au bailleur: Vis-à-vis de vous, mon bail est valable, cependant votre immeuble a été considéré comme libre de toute charge de bail, vous avez touché une indemnité supérieure à celle qui vous eût été accordée si mon titre avait été reconnu par l'expropriant; vous avez encaissé l'indemnité qui me devait revenir, je recours contre vous par une sorte d'action de *in rem verso*.

Nous pensons que cette prétention devrait être écartée pour deux motifs. D'abord la loi de 1841 n'autorise le recours du preneur contre le bailleur que dans un cas: quand celui-ci a négligé de faire connaître à l'administration son fermier ou locataire. Or, cette hypothèse n'est pas la nôtre.

En outre, il importe de remarquer que l'indemnité réclamée par le preneur n'est pas, comme celle qu'obtiendrait le titulaire d'un droit réel quelconque, représentative d'une partie de la valeur de l'immeuble. Elle représente la perte subie par le locataire, frais d'exploitation rendus inutiles, frais d'installation nouvelle devenus nécessaires, etc. Le bailleur n'a donc pas entre les mains l'indemnité qui lui est due comme propriétaire, plus celle qui serait due au prétendu preneur. Cela est si vrai, que l'on peut facilement supposer différents le chiffre de la plus-value résultant de ce que l'immeuble est libre de toute charge de bail, et le chiffre des pertes subies par le preneur. L'un sera peut-être 100 et l'autre 500. Le bailleur ne reçoit pas la somme que le jury refuse au preneur, il n'est donc obligé à aucune restitution.

§ 6. — DROITS DU PRENEUR A RAISON DES CONSTRUCTIONS ET AMÉLIORATIONS PAR LUI FAITES SUR LES LIEUX LOUÉS.

Il convient maintenant d'étudier une question générale dont l'intérêt apparaîtra spécialement dans les hypothèses que prévoit notre section au cas où le bail a pris fin. Quels sont les droits du preneur à raison des constructions et améliorations par lui faites sur les lieux loués?

7

Plusieurs hypothèses peuvent se présenter. Les dépenses faites étaient, ou nécessaires, ou utiles, ou voluptuaires.

1° Elles étaient nécessaires. Le bailleur ne pourra certainement pas en refuser le remboursement : elles étaient à sa charge, il ne doit pas s'enrichir aux dépens d'autrui. Si le preneur, négligeant d'informer le propriétaire des réparations devenues nécessaires, les avait fait faire lui-même à grands frais, le bailleur serait en droit de ne rembourser que les dépenses qu'il eût faites lui-même à de meilleures conditions.

2° Dépenses utiles ou voluptuaires. — Elles peuvent être ou non susceptibles d'être enlevées sans dégrader l'immeuble.

A) Elles peuvent être enlevées sans causer de dommage : dans ce cas le preneur en opérera le retrait à charge par lui de rétablir les choses dans leur état primitif. On ne peut supposer que ces *impenses* ont été faites dans une intention de libéralité envers le propriétaire, mais vraisemblablement elles ont été effectuées dans un but de commodité personnelle. L'article 599 du Code civil, pour ceux qui l'entendent dans le sens plus rigoureux pour l'usufruitier, ne saurait être appliqué ici par analogie, mais l'article 555 du Code civil le serait plutôt, car il se rapproche plus de notre espèce.

Le propriétaire ne peut être contraint à conserver et à payer les additions même utiles qu'il a convenu au preneur de faire sur l'immeuble loué. Mais peut-il obliger celui-ci à les laisser moyennant le rembourse-.

ment de ses *impenses?* Nous déciderons négativement
avec M. Troplong (*Du louage*, n° 354), « s'il s'agit
d'additions consistant en choses susceptibles de dépla-
cement, comme glaces, pépinières, etc., l'accession
n'étant pas assez énergique pour les retenir. » Au contraire si elles ont été faites à perpétuelle demeure,
comme des plantations d'arbres, constructions de murs,
dans un verger, le propriétaire alors pourra les conserver en les payant.

B) Les additions utiles ou voluptuaires ne peuvent
être enlevées sans préjudice pour l'immeuble.

Ici nous pensons que le preneur doit s'en remettre à
la bonne foi du propriétaire, mais ne saurait exercer
aucune action contre lui. Ne savait-il pas que les constructions qu'il a faites devaient rester désormais join-
tes à l'immeuble? S'il n'a pas pris soin de régler sa
situation avec le propriétaire avant de les entreprendre, c'est qu'il renonçait implicitement à tout recours à
cet égard. Des profits exceptionnels, l'agrément qu'il
pensait retirer des améliorations peuvent expliquer sa
conduite. En tout cas le propriétaire ne saurait à notre avis être induit contre son gré en des dépenses
considérables peut-être et qu'il désavoue.

Mais quand le preneur devient créancier du bailleur,
soit qu'il ait fait des réparations dont la charge incom-
bait à celui-ci, soit que le bailleur exige que le locataire
laisse sur l'immeuble des additions utiles ou voluptuaires qui pourraient en être séparées, la créance du
preneur est-elle garantie par le droit de rétention?

La loi n'ayant pas donné sur ce droit un ensemble

de règles complet, mais ne renfermant que des dispositions éparses çà et là, il n'est pas étonnant
que pour répondre à cette question un texte nous
manque.

Nous pensons que le droit de rétention doit être accordé au preneur. En effet, il repose sur ce principe
que relativement à une même chose, nous ne pouvons
être tenus de remplir nos obligations vis-à-vis de celui
qui, obligé à son tour envers nous, ne veut pas s'exécuter. La loi sanctionne cette maxime en maintes circonstances ; ne serait-elle pas inconséquente d'en refuser le bénéfice au preneur, dans notre hypothèse, quand elle le lui
accorde sous l'article 1749 pour des dommages et intérêts ?
Ajoutons que la situation de celui-ci est favorable. En effet,
il est créancier du propriétaire de la chose détenue (car le
bailleur est devenu propriétaire des améliorations par droit
d'accession). De plus il y a connexité entre la créance et la
chose due, *debitum cum re junctum ;* le bailleur demande la restitution de sa chose, et c'est précisément à
raison des dépenses que le preneur y a faites qu'il est
débiteur. Or, selon de nombreux auteurs, ces conditions suffisent pour attribuer à un créancier le droit de
rétention (Troplong, *Privil, hyp.*, n° 258, et *Nantisse-
ment* n° 149 ; — Marcadé, art. 555 ; — Demol., *Distinction des biens*, n° 682, Dal. *Rép.*, v° *Rétention*, n° 11 ;
— Glasson, *Du droit de rétention*, p. 18).

Remarquons en outre que les parties sont engagées
dans un contrat synallagmatique, et qu'en vertu de
l'article 1184, le preneur ne peut être tenu d'accomplir
son obligation de restituer, si le bailleur se refuse à

exécuter celles qui lui incombent à raison des constructions élevées sur la chose louée.

Nous nous demanderons, en terminant ce paragraphe, si le preneur pourrait conférer hypothèque sur les constructions élevées par lui sur l'immeuble loué.

Distinguons deux hypothèses : si les constructions utiles ou voluptuaires qui ont été faites ne peuvent être détachées sans endommager l'immeuble, nous avons décidé qu'elles étaient perdues pour le preneur ; elles le sont donc pour ses créanciers. Donc toute constitution d'hypothèque dans ce cas serait inutile.

Si les constructions peuvent être enlevées, la question devient plus délicate. Les créanciers qui se sont fait consentir hypothèque ne peuvent-ils pas dire : Si le propriétaire opte pour la conservation des constructions, nous exercerons notre droit sur le prix par lui dû au preneur? Si les constructions sont enlevées, nous les ferons vendre et nous exercerons notre hypothèque sur la somme due à l'acquéreur.

A cela nous objectons que le preneur n'a pu consentir hypothèque sur les constructions qu'il a élevées. En effet, par droit d'accession elles étaient la propriété du bailleur. Si ce dernier conserve les constructions, il devient débiteur du fermier ou locataire ; mais, quand il se libère, il ne paye pas le prix d'un immeuble ayant appartenu au preneur.

Les constructions sont-elles enlevées, elles deviennent, il est vrai, la propriété du preneur, mais alors elles ne sont plus susceptibles d'hypothèque. En effet,

une fois détachées du sol ou de l'édifice qui les sup-
portait, elles sont devenues choses mobilières.

Nous déciderons donc, qu'en aucun cas, le preneur
ne pourrait efficacement constituer. hypothèque sur les
constructions qu'il a élevées sur l'immeuble loué.

APERÇU

SUR

LE DROIT DE MARCHÉ

En Santerre (Picardie)

> Entre celui qui a la terre et celui
> qui ne l'a pas, le louage du Code civil
> est un intermédiaire suffisant.
>
> (M. Valette, *Privil. et hypoth.*, 1, 195.)

PRÉLIMINAIRES.

Nous avons étudié les principaux droits que la loi
accorde au preneur. Si nous passons du domaine de la
théorie dans celui de la pratique, nous verrons que,
dans une certaine partie de la France, les fermiers de
biens ruraux réclament, sous le nom de *droit de marché,*
des prérogatives dépassant de beaucoup celles que leur
concède notre Code.

Le droit de marché, dont on trouvait autrefois des
traces dans l'Artois, les Flandres. la Champagne, l'Ile-
de-France, existe dans le Santerre, (Sancteriensis ager),
fertile contrée de la Picardie, qui comprend l'arrondissement de Péronne, la partie sud de l'arrondissement

d'Amiens et quelques enclaves de celui de Montdidier. On rencontre encore dans le Hainaut sinon son pareil, au moins son analogue, sous le nom caractéristique de *Mauvais gré*.

Nous ne connaissons pas suffisamment le mauvais gré, pour affirmer qu'il n'est pas autre chose que le droit de marché ayant reçu un nom particulier dans le Nord de la France et en Belgique. Mais nous serions tenté de le croire en lisant un article d'un journal de Lille (novembre 1844) concernant le mauvais gré et les moyens employés pour le faire respecter. Nous en extrayons les lignes suivantes :

« Le mauvais gré n'est autre chose que le droit dénié aux propriétaires de changer de locataires, et l'obligation de laisser à perpétuité le bail des fermes et des terres dans la même famille, sans toucher en rien au prix ou aux conditions du fermage. » Si le propriétaire veut user de son droit et trouver un locataire nouveau assez osé pour prendre à bail les terres frappées de mauvais gré, il n'est pas de maux qui n'atteignent l'aventureux fermier.

Nous verrons que le droit principal réclamé par les fermiers du Santerre paraît bien se confondre avec la prétention des partisans du mauvais gré, et que ce sont les mêmes procédés auxquels ont recours les fermiers de Picardie et du Hainaut, pour protéger Droit de marché et Mauvais gré.

Le droit de marché n'est pas reconnu par les tribunaux, et son domaine est aujourd'hui restreint. Toutefois, nous croyons intéressant de lui consacrer quelques pages, parce qu'en certaines espèces, il peut être l'occasion de questions de droit délicates, et parce qu'il est généralement peu connu. On verra qu'il porte en lui un caractère de piquante originalité, et surtout une vitalité remarquable.

En effet, il a survécu aux transformations de nos lois et de nos institutions, aux changements économiques du pays où il règne, et, en dépit des attaques les plus énergiques, il subsiste.

Il fait partie du patrimoine des habitants qui s'en montrent très jaloux ; il s'impose aux officiers publics qui le constatent dans leurs actes ; il est enfin une véritable valeur que le fisc atteint de ses perceptions.

En étudiant cet usage, nous allons parcourir les trois points suivants :

En premier lieu, décrire le droit de marché ; puis rechercher son origine et sa condition dans l'ancien droit ; enfin, déterminer sa situation dans notre droit actuel.

I

QU'EST-CE QUE LE DROIT DE MARCHÉ ?

Voici en quoi consiste le droit de marché : quand un cultivateur du Santerre a affermé un champ (1), il pré-

---

(1) Le droit de marché n'atteint que les fonds de terre. Il ne grève point les maisons et autres constructions. Mais il en serait autrement si un corps de ferme était affecté à l'exploitaiion d'une certaine étendue de terres soumises au droit de marché. Dans ce cas la ferme serait assujétie à cet usage, car on ne la sépare pas des héritages dont elle n'est, pour ainsi dire, que l'accessoire.

tend pouvoir en conserver indéfiniment la jouissance, et, ce qui se devine aisément, dénie au propriétaire le droit de changer les clauses du contrat à l'époque fixée pour le renouvellement.

Disons de suite qu'il paraît assez bizarre de prendre la peine de déterminer cette époque puisque l'on n'en tient pas compte ? Il serait plus logique de négliger toute convention relative à la durée du bail. C'est ce qui a lieu, paraît-il, dans certaines communes signalées par leur attachement particulier pour le droit de marché, (Mons-en-Chaussée, Estrées-en-Chaussée, Brie et Bouvencourt (2). Ainsi le propriétaire ne peut sans l'agrément du fermier choisir un autre preneur, ni augmenter le prix du fermage. Une telle prétention pour celui-ci, une telle dépendance pour celui-là semblent exorbitantes, tel est cependant le droit de marché ; tel fut-il surtout avant la révolution de 89. Mais depuis, il a pris un développement nouveau.

Jusqu'à cette époque, le propriétaire pouvait reprendre sa terre sauf à la remettre à l'ancien tenancier ou à ses héritiers, quand il ne lui convenait plus de cultiver

---

(2) Dans ces communes paraît-il, il arrive souvent que le propriétaire ignore quel est son fermier. A l'échéance du terme un intermédiaire apporte le fermage en taisant le nom de son mandant. Une quittance est retirée, mais elle est impersonnelle. Comme le dit M. Saudbreuil, (dans son *Étude sur le Droit de marché* présentée au Congrès scientifique de France), « La jouissance et la propriété se transmettent parallèlement ». Ces faits nous semblent très-curieux à constater ; ils montrent jusqu'à quel point le fermier entend avoir un droit qui lui soit propre, et combien il est jaloux de son indépendance vis-à-vis du propriétaire. Si celui-ci perçoit le canon, il doit se tenir pour satisfait et se désintéresser de tout ce qui concerne la jouissance.

par lui-même (1); il jouit même encore de cette prérogative dans le Hainaut (2); mais en Picardie il n'en est plus ainsi (3). Le propriétaire, en principe, ne peut reprendre la culture de sa terre contre le gré du fermier; en outre ce dernier réclame une sorte de droit de préemption en cas de vente du fonds qu'il exploite. Les autres fermiers du pays ne pourront pas lui faire concurrence, car, s'ils devenaient acquéreurs, ils confisqueraient à leur profit une valeur (le droit de marché) qui appartient au preneur. Mais vis-à-vis d'un étranger ce droit de préemption n'existe pas, puisqu'il ne peut cultiver lui-même le fonds qu'il acquiert. Ce droit de préemption nous paraît mal concorder avec la première modification que subit le droit de marché après la Révolution. En effet, le danger qu'il prétend conjurer n'existe plus, une fois admis que le propriétaire ne peut, malgré le fermier, rentrer en possession de sa terre pour la cultiver. Il est vraisemblable que cette

(1) *Le droit de marché, son présent, son passé, son avenir, par M. G****, *Péronne*, 1865. Mais il ne pouvait vraisemblablement pas reprendre la culture de sa terre avant l'expiration de la durée du bail. (Voici, peut-être, un intérêt à fixer l'époque où le bail prend fin). Tout rapprochement de cette pratique avec la loi *Œde* (D. L. 4, T. 65, l. 3) serait ici inutile, car elle n'autorisait le propriétaire à reprendre au locataire l'immeuble loué, que s'il y était contraint par nécessité, et s'il s'agissait d'une maison d'habitation. Cette loi ne s'appliquait ni aux fermes, ni aux champs. Or, le droit de marché n'atteint que ces deux dernières catégories d'immeubles.

(2) *Mémoires de l'Académie des Sciences, Agriculture, Belles-Lettres*, etc., du département de la Somme, discours d'ouverture de M. le Directeur, 25 août 1856. — M. Saudbreuil, au Congrès scientifique.

(3) Excepté, paraît-il, dans les deux seules communes de l'arrondissement de St-Quentin, où le droit de marché vit encore, et reste ce qu'il était avant 1789.

garantie ne parut pas suffisante au paysan picard.
Craignant sans doute que le fait ne prévalût contre son
droit, il ne crut pas trop faire de s'assurer une double
protection.

Nous ne connaissons pas encore le droit de marché
dans toute son étendue. Il faut savoir qu'il devient parfois une sorte de droit de famille rappelant quelque peu
le droit d'aînesse. Lorsque l'un des enfants d'un cultivateur picard reprend la ferme de son père, il acquiert
un droit de marché sur les terres qui proviennent à ses
frères et sœurs du patrimoine paternel. Donc, si ces
biens sont vendus ou affermés, il en deviendra, par
privilége, acquéreur ou fermier.

Il importe de remarquer que le droit de marché ne
profite pas exclusivement au fermier. Le propriétaire
y trouve aussi quelques avantages. Ainsi lorsqu'il loue
sa terre, ou lorsque son fermier se substitue un autre
fermier, il perçoit du preneur entrant une certaine
somme fixée par l'usage, à défaut de convention. Elle
a reçu le nom « d'*intrade*. » Dans son *Histoire des
contrats de location perpétuelle*, M. Lefort fait remarquer que cette expression se rencontre dans les coutu-
mes du Bourbonnais et du Nivernais. En effet, sous les
articles 274 et 442 de la Coutume de Bourbonnais nous
trouvons les mots « entrages d'argent, entrages ou
deniers baillez. » Le taux de l'intrade varie avec la
qualité du cessionnaire; il est élevé si celui-ci est étranger au fermier cédant, moindre s'il est son collatéral,
insignifiant s'il est son descendant en ligne directe (1).

_____

(1) Ici encore cette sorte de droit de famille, que nous rencontrions tout

En outre, le propriétaire jouit de garanties spéciales. Quand le fermier transmet son droit, il demeure ordinairement tenu solidairement avec son successeur du payement des fermages. S'il y a plusieurs cessionnaires, ils sont aussi regardés comme solidairement engagés entre eux jusqu'à la fin du bail (M. le premier président Saudbreuil, Discours sur le *Droit de marché*, Amiens, 1864, note 5).

Tels sont les caractères principaux du droit de marché. On le voit donc: les prérogatives considérables dont jouit le fermier sont pour lui une véritable richesse: c'est une valeur qui fait partie de son patrimoine; elle est dans le commerce et fait l'objet de fréquentes transactions. Le titulaire d'un droit de marché le transmet à titre onéreux ou à titre gratuit, il le partage entre ses enfants, il le leur constitue en dot, il le vend aussi ; parfois, c'est le propriétalre du fonds qui s'en rend acquéreur. Il paraît même, que des fermiers expulsés par le propriétaire depuis longues années, vendaient encore, en 1867, un prix assez élevé leur prétendu droit d'être réintégrés.

La valeur du droit de marché varie selon les pays de 800 à 1,500 francs par hectare (M. G..., *op. cit.*).

Il importe maintenant de nous demander quels titres le droit de marché produit en sa faveur, de quelles protections ce droit privilégié se recommande.

à l'heure dans le droit de marché, se révèle sous un nouvel aspect. En effet les membres d'une même famille acquièrent le droit au bail à des conditions plus favorables que les étrangers et le taux de l'intrade s'abaisse à mesure que se ressèrent les liens de parenté unissant le cédant au cessionnaire.

Aucun document, aucun titre n'est fourni; les défen-
·seurs les plus ardents du droit de marché le reconnaissent : si des titres ont existé, ils ont péri ; ce droit
repose exclusivement sur la tradition ; tradition très-
ancienne de l'aveu de tous, et aussi très-respectable,
de l'avis, au moins, d'un certain nombre ; nous allons
l'interroger.

Mais auparavant, il convient de déterminer le sens
précis de cette expression qui va reparaître constamment
dans cette étude : « *le droit de marché.* » Sa signification est complexe : elle désigne tantôt le droit au bail
dont jouit le fermier, tantôt la somme qu'il a payée, en
prenant possession de la terre affermée, et tantôt le
droit d'exiger la restitution de cette somme quand le
propriétaire veut affranchir sa terre.

Selon l'avis le plus commun, la première acception
de l'expression « droit de marché » s'expliquerait facilement par ce fait qu'en Picardie, on entend par
marché de terres les différents héritages qui sont l'objet d'un contrat de bail.

D'après une autre version rapportée par un ancien
magistrat du département de la Somme, M. Husson
(Troplong, préface du *Traité du louage*, p. 80, note 2)
l'expression « droit de marché » indiquerait qu'un
marché, c'est-à-dire une convention bilatérale réglant
un droit particulier, a originairement existé entre le
propriétaire et le fermier, (convention dont nous nous
occuperons plus loin).

Nous remarquerons enfin que le droit de marché dans
sa deuxième acception est synonyme de droit d'intrâde.

II.

ORIGINE DU DROIT DE MARCHÉ. — SA CONDITION DANS LE
DROIT ANCIEN.

On assigne au droit de marché différentes origines ;
nous en rapporterons plusieurs, sans prétendre avoir
réussi à les recueillir toutes. Les unes lui sont favorables, les autres le condamnent ; faisons d'abord connaître les premières :

Selon un auteur anonyme, M. G..., déjà cité dans ce
travail, il faudrait pour trouver l'origine du droit de
marché remonter à l'invasion des Germains, qui s'em-
parèrent d'une grande partie du sol. Les propriétaires
dépossédés devinrent les fermiers de leurs propres
terres. Dès lors leur titre de colon fut sacré dans toute
la contrée. Ils en disposaient à leur gré comme d'un
droit de propriété ; personne ne se serait rencontré qui
leur fît concurrence, tous les tenanciers convinrent
tacitement que « en Santerre on ne se démonte (1)
jamais. »

(1) Le fermier qui méconnaît cette convention est nommé en Santerre
« dépointeur ; » ce mot viendrait de l'anglais désapointement, manquement
à sa parole, d'après un ancien mémoire inédit, déposé aux archives de la
Somme, et cité par M. Saudbreuil. Avec cet auteur, nous croyons qu'il
vaut mieux se référer au glossaire de Du Cange où nous lisons : Depunc-
tuare, depunctare, rei alicujus dominio et possessione eruere, privare, ab
officio removere, nostri etiam dépointer. Arest. ann. 1352. 23 juin in-vol.
4 arestor.

Quant au guerrier franc, il se préoccupait peu de la transmission du droit de ses fermiers ; mais au moment où il voulut augmenter le canon, il trouva dans le droit de marché une résistance efficace, car chaque colon était à l'abri de toute concurrence.

On essaye de répondre à l'objection suivante qui se présente naturellement à l'esprit : comment cette association des opprimés contre l'envahisseur ne s'est-elle pas étendue au-delà des limites qu'on lui connaît? L'on fait remarquer que dans les pays de grande culture, des obstacles matériels considérables empêchaient son extension, car les grandes distances qui séparaient les tenanciers, et l'indépendance réciproque dont ils jouissaient, rendaient impossible ce soutien mutuel des fermiers, sans lequel le droit de marché ne saurait vivre.

Le système que nous exposons ne justifie pas la prétention des fermiers de conserver, malgré le propriétaire, l'exploitation d'une terre incontestablement libre quand elle leur a été affermée, au cas, par exemple, où le maître d'un champ le cultivait lui-même lorsqu'il s'est choisi un fermier.

M. G... aurait peut-être pu tirer argument en sa faveur des différences de taux du droit d'intrade. En effet, dans l'hypothèse où les fermiers seraient les anciens propriétaires dépossédés des terres qu'ils cultivent, on comprendrait fort bien que le droit à payer par le successeur qu'ils présentent au propriétaire actuel soit d'autant moins élevé que des liens de parenté plus étroite unissent le preneur sortant à celui qu'il se substitue ; car c'est un bien de la famille qui passe à l'un de ses membres.

Une opinion rapportée par M. G... verrait naître le droit de marché au moment de l'invasion des Normands. Les seigneurs obligés alors d'élever des forteresses auraient mis à contribution les bras et la bourse des paysans. En retour, ils leur auraient affermé la terre à perpétuité et moyennant un canon fixe (1).

D'après un ouvrage manuscrit de M. l'abbé Decagny, cité par M. Vion (2), vers le ix° siècle, pour mettre leurs biens sous la protection des évêques et des abbés, les petits propriétaires, en butte aux actes de violence et de spoliation fréquents à cette époque, auraient aliéné leurs terres au profit des couvents, en se réservant le droit de marché ; nous le remarquerons, cette origine paraît être celle que l'on a souvent assignée aux censives.

Toutefois M. l'abbé Decagny ne peut se défendre d'une grande incertitude ; aussi donne-t-il une seconde version qui lui paraît avoir aussi quelque chance de vérité. Il inclinerait à voir dans le droit de marché un bail héréditaire concédé au xii° ou au xiii° siècle. L'abandon des terres, conséquence du départ des seigneurs et de nombreux vassaux pour les croisades, nécessitant de la part des serfs une meilleure et plus laborieuse culture du sol, on tenta de les séduire par des avantages spéciaux que les fermiers ont conservés.

(1) Selon cet auteur, l'abbaye de Lihons-en-Santerre aurait été construite à ces conditions.

(2) *Le Droit de marché*, Péronne, 1868.

8

Il est intéressant de remarquer en faveur de ce système que les baux héréditalres usités en Alsace offrent, avec le droit de marché, quelques points de ressemblance. Ainsi le bail héréditaire pouvait, jadis, prendre naissance par suite de plusieurs tacites reconductions qui avaient suivi un bail ordinaire : le canon, sauf dans des circonstances exceptionnelles, ne pouvait être augmenté, ni diminué. Le preneur transmettait sa jouissance aux héritiers ab intestat, et même quelquefois aux héritiers institués ; mais, en principe, il ne durait que tant qu'il existait des héritiers en ligne directe.

Un partisan très-convaincu du droit de marché, M. Vion (*op. cit.*), pense que ce droit serait le salaire obtenu des seigneurs en reconnaissance des défrichements exécutés sur leurs terres. La situation si modeste du défricheur par rapport au seigneur expliquerait comment celui-là n'a pas exigé de titre de celui-ci.

Dans ce système, remarquons-le, il resterait à indiquer pourquoi le droit de marché s'est localisé et perpétué en Picardie. Cette explication ne paraît point facile à fournir.

Mais l'opinion la plus répandue dans le Santerre verrait dans ce droit un souvenir des croisades. Les seigneurs, dit-on, pour entreprendre leurs lointaines expéditions, ayant besoin d'argent, en obtinrent de leurs tenanciers. Ceux-ci reçurent en échange le droit de conserver à perpétuité, et sans augmentation possible du canon, les terres qu'ils cultivaient.

Comme le fait judicieusement remarquer M. le pre-

mier président Saudbreuil, était-ce à de misérables tenanciers que les seigneurs durent s'adresser pour se
procurer de l'argent? En outre, il est établi que les
terres des seigneurs et les biens d'église n'eurent à
souffrir du droit de marché qu'après ceux de la bour-
geoisie des villes. L'explication présentée n'est donc
pas satisfaisante, puisqu'elle assignerait à l'usage dont
nous cherchons l'origine une marche contraire à celle
qu'il a suivie.

Selon un autre avis que rapporte M. Vion (*op. cit.*),
il ne nous serait pas nécessaire de remonter aux croisades. Au xv° siècle, dit-on, pendant les guerres qui
ont dévasté la Flandre et le nord de la France, la culture
des terres était très-pénible, les paysans étaient l'objet
de violences et de déprédations fréquentes. Nobles,
clercs et bourgeois durent faire d'importants sacrifices,
pour récompenser le courage de ceux qui, malgré tant
de difficultés, maintenaient les terres en valeur ; les
propriétaires de Picardie, d'Artois, de Flandre, du Hainaut, de la Champagne et de l'Ile-de-France leur firent
des concessions qui ne sont autres que le droit de marché.

Ces souvenirs sont bien oubliés : car depuis longtemps les rapports entre fermiers et propriétaires de
Picardie ont souvent cessé d'être bons ; et le désaccord
qui existe entre eux a même fourni l'explication suivante :

Les propriétaires ont exigé de leurs fermiers des
droits d'entrée, on intrades, lorsqu'un bail était consenti ou renouvelé. Ces droits n'étant jamais restitués,

les tenanciers ont logiquement pensé avoir acquis quelque droit sur la chose, puisqu'ils avaient payé un prix sans se dispenser d'acquitter le canon.

Il y a ici méprise et confusion de l'effet avec la cause, a-t-il été répondu (1). Les propriétaires ont exigé des droits d'intrade pour compenser le préjudice que leur causait l'invariabilité du canon. Ainsi l'intrade n'a pas créé le droit au marché, mais l'a été par lui.

La version recueillie par M. Troplong (préface du *Comment. sur le louage*, LXXX) diffère peu de la précédente. Mais pour lui, il attribue à l'une des conceptions originales de la féodalité l'origine « d'une certaine tenure qui s'est conservée en Picardie, et confondue avec le bail proprement dit, dans l'esprit des populations. »

M. le Directeur de l'Académie du département de la Somme (2), dans un écrit qui a reçu les témoignages les plus approbateurs, ne partage pas l'avis de M. Troplong: « Il semble, dit-il, qu'il y ait une hostilité nécessaire entre la classe des fermiers et des propriétaires... que le nouveau fermier pour avoir consenti à des conditions refusées par l'ancien doit être considéré comme un faux frère. » Plus loin il ajoute : » Le propriétaire trouve difficilement un fermier. L'habitude de voir transmettre un bail de génération en génération, presque contre le gré du propriétaire, aura créé dans l'esprit des populations l'idée d'une sorte d'usage... les

(1) M. Saudbreuil, *op. cit.*

(2) M. Daussy aujourd'hui conseiller à la Cour d'appel d'Amiens. (*Mémoires de l'Académie*, 1856).

abus naissent et, grâce à une longue impunité, revêtent les apparences de la légalité. »

Le discours de M. Saudbreuil, prononcé en 1864 à l'audience solennelle de rentrée de la cour d'Amiens ne se montre pas plus favorable au droit de marché ; d'après ce document si recherché de ceux qui s'occupent de ce singulier usage, il ne faudrait voir dans la pratique suivie en Santerre, qu'une usurpation commise par les fermiers sur les propriétaires. Les documents authentiques ne manquent pas à l'appui de cette thèse ; en ce point déjà, elle possède sur tous les autres systèmes une supériorité manifeste. Ne serait-il pas surprenant que des concessions si importantes n'aient été en aucun lieu constatées par un titre ? Pour notre part, nous avouons que les recherches que nous avons faites dans le *Commentaire sur les coustusmes des gouvernements de Péronne, de Mondidier et Roye* (1) ne nous ont rien appris en faveur du droit de marché. On pourrait même en voir la condamnation en tant qu'il grèverait les biens d'église. Sous l'article 124, n° 16, nous lisons en effet que « les baux des biens appartenant à l'église, surpassant neuf ans, sont nuls. »

N° 17. « Les baux emphyteutiques des biens d'église *pro se et suis liberis et liberis suorum liberorum*, sans définition de temps, nuls, qui emportent comme une aliénation perpétuelle. »

Ajoutons que les explications fournies par les parti-

_____

(1) Par M. Claude Le Caron, ancien advocat au parlement de Paris et au siége de Mondidier, 1660.

sans du droit de marché sont incomplètes. Elles ne peuvent, en effet, justifier les prétentions des fermiers, lorsque les terres sur lesquelles ils prétendent avoir un droit de bail perpétuel étaient libres au moment où elles leur ont été affermées.

Il est curieux de rechercher l'histoire du droit de marché dans les documents anciens ; nous l'exposerons très-sommairement, les limites de ce travail ne nous permettent pas de la développer. Les travaux déjà cités de MM. Saudbreuil et Daussy seront très-utilement consultés sur ce point, nous y avons puisé les indications suivantes :

. Le préambule d'un arrêt du conseil ou édit de Louis XIV, du 4 novembre 1669, nous apprend que, « les longues guerres qui ont désolé les frontières, ayant privé la plupart des propriétaires des terres qui y sont situées de la liberté de sortir des villes, les fermiers, surtout dans la partie de la Picardie appelée Santerre, se sont perpétués de père en fils dans la jouissance de leurs anciennes exploitations, sans vouloir ni renouveler leurs baux, ni en proportionner le prix aux circonstances du temps, ni souffrir leur dépossession, et ils menacent d'incendie et d'assassinat les propriétaires et ceux qui osent se présenter pour passer de nouveaux baux ; l'exécution suit de près la menace, » etc. Nous savons aussi, que les fermiers formaient une sorte de coalition pour assurer la perpétuité du bail et la fixité du canon. Si le propriétaire tentait d'expulser le tenancier, aucun concurrent ne se présentait. Il eût été en effet l'objet de vengeances

implacables. Souvent les fermiers, pour contraindre le
propriétaire à diminuer le canon déjà modique, aban-
donnèrent leurs terres. Celui-ci ne trouvant pas de
preneur qui consentît à remplacer le fermier mécontent (car en Santerre on ne se dépointe jamais), était
forcé de subir les conditions qu'on lui imposait.

Pour arrêter le mal, les mesures les plus énergiques
sont prises. La connaissance de la matière est dévolue
à l'intendant général de Picardie ; l'autorité des seigneurs justiciers étant insuffisante, le roi ordonne qu'au
cas d'abandon des biens, la communauté sera responsable des loyers. Ces mesures sont complétées et ren-
dues plus rigoureuses par un arrêt du conseil du 17
juin 1707. Un troisième arrêt, du 3 novembre 1714,
reconnaît que « les manants et paysans de qualité à
exploiter les terres se sont fait dans leur esprit une
espèce de droit de leur indue possession. »

L'extension incessante que prend le droit de marché
provoque des mesures de plus en plus sévères : les
peines pécuniaires, l'emprisonnement, la transportation
de familles entières aux colonies en arrêtent à peine
le développement ; et les obstacles qu'on lui oppose amè-
nent les vengeances les plus odieuses.

Enfin une déclaration du roi, donnée à Compiègne
le 20 juillet 1768, reproduit avec quelques adoucisse-
ments les arrêts précédents ; elle en étend l'application
non-seulement au Santerre, mais à d'autres parties de
la Picardie, et à certaines contrées de l'Ile-de-France
et de la Champagne. C'est une législation civile et cri-
minelle spéciale au droit de marché.

On voit avec quelle énergie et quelle rigueur cet usage était combattu ; cependant les résistances opiniâtres des fermiers du Santerre lassaient parfois les propriétaires, et même la justice. En voici un exemple qui nous paraît intéressant :

En 1779 l'abbé de Saint-Eloi, de Noyon, possédait un domaine sur le territoire de la paroisse de Vrély dont il avait la seigneurie. Voulant augmenter le canon trop minime que lui payaient ses fermiers, il dût les congédier et choisir un preneur plus accommodant. Celui-ci fut aussitôt victime d'un incendie considérable, et pour conjurer le feu il ne rencontra, dans le pays, aucun secours. Cet avertissement fut compris, et les anciens tenanciers reprirent leurs terres sans augmentation de fermage.

En 1784 l'évêque d'Olboc, coadjuteur d'Orléans, devient abbé de Noyon; il tente d'élever le prix du bail; aucun preneur ne se présente. Il fait alors afficher dans la paroisse de Vrély que ses terres sont à affermer; il reste sans fermier. Aussitôt il assigne la commune de Vrély, et prétend en faire condamner les 4 principaux habitants à cultiver ses terres, et à payer le fermage fixé par experts. En procédant ainsi, l'abbé de Saint-Eloi se conformait à la déclaration royale de 1764. Les juges de Mondidier le déboutèrent de sa demande et le condamnèrent aux dépens, comme si les prescriptions de la déclaration de 1764 n'avaient pas été observées; *or elles l'avaient été.* La vérité était que la justice se reconnaissait incapable de lutter contre la coalition formée par les partisans du droit de marché.

En présence des documents législatifs et des faits que nous venons de rapporter, on s'expliquera facilement, sans doute, l'opinion de ceux qui tiennent cet usage pour un détestable abus. Parmi eux se range M. Charles Louandre ; dans un travail sur la France du nord (*Revue des Deux-Mondes*, livr. 15 août 1873, p. 828 et suiv.), il regarde le droit de marché comme une désastreuse application « des théories radicales et socialistes qu'on cherche à propager dans les campagnes. »

Il remarque que les faits qui se passent aujourd'hui en Picardie ne sont que la reproduction de ceux, qu'il y a quinze siècles, Zénon signalait et punissait dans l'empire romain. Nous pensons avoir rencontré sous les lois 32 et 33, au Code de Justinien, liv. IV, 65, les deux constitutions auxquelles il est fait allusion. Nous y lisons en effet : que des fermiers ou locataires, ne voulant pas quitter les maisons ou héritages qu'ils détiennent, prétextent que les baux nouvellement passés sont illicites, et soulèvent contre les propriétaires de détestables procès. Zénon édicte contre ces usurpateurs les peines pécuniaires et corporelles les plus énergiques.

Par l'exposé qui précède, on voit que l'on est loin de s'accorder sur les origines du droit de marché. Mais il faut le reconnaître, celles qui lui sont favorables ne paraissent mériter que fort médiocre confiance ; il en est certaines qui peuvent avoir, à la vérité, quelque vraisemblance, mais on n'apporte pour les soutenir aucun titre, aucun document. On en est réduit à des suppositions vagues. Les édits royaux, au contraire, sont précis; ils dénoncent et punissent les fermiers comme des usurpateurs. L'arrêt du conseil du 4 novembre 1679 déclare que c'est à la faveur des guerres qui ont désolé les frontières, que les fermiers de Picardie se sont perpétués de père en fils dans la jouissance de leurs anciennes exploitations, sans vouloir renouveler leurs baux, ni souffrir leur dépossession. Il constate leurs procédés violents et leur résistance opiniâtre aux réclamations des propriétaires. Mais il ne mentionne pas que, pour se maintenir en jouissance, les fermiers invoquent en leur faveur un droit particulier; ceux-ci n'allèguent à l'appui de leurs prétentions, ni titre, ni convention ancienne. Il est dès lors bien difficile de reconnaître un caractère sérieux à des justifications que l'on hasarde de nos jours, alors que les souvenirs sont effacés et les traditions altérées par le temps.

Ajoutons que le droit de marché n'a pas les allures d'un droit véritable. Nous le voyons varier, tantôt s'étendre et tantôt se restreindre. Nous savons que depuis l'époque de la révolution de 89 il est plus rigoureux vis-à-vis du propriétaire qu'il ne l'était auparavant. Nous savons aussi, qu'à un certain moment, il atteignit tout ce qui pouvait se louer (places d'église, de marché, objets mobiliers, même les emplois de valet de ferme, etc., G..., *op. cit.*).

De toutes ces données, nous devons conclure que l'usurpation est l'origine très-vraisemblable du droit de marché. Peu à peu et comme il arrive souvent, du reste, le fait a pu passer pour droit aux yeux du plus grand nombre; ou même, ce qui est encore très-possible, pour assurer la perpétuité du fait, les intéressés l'auront-ils déguisé sous les apparences d'un droit. C'est ce qui expliquerait aujourd'hui les nombreuses ressemblances que l'on rencontre entre ce droit de marché et la censive, l'emphytéose, le bail à rente foncière et le bail héréditaire. Le droit d'intrade ne correspond-il pas aux lods et ventes dans la censive, et surtout aux droits de quint perçus en cas d'aliénation d'un fief? Il varie en effet selon que le cessionnaire est pour le cédant un étranger, un collatéral ou un descendant. Mais voici deux différences importantes à retenir.

Si le fermier aliène son droit, le propriétaire ne pourra pas l'acquérir par préemption comme eût fait le seigneur censier en exerçant son droit de retrait. Remarquons en second lieu que le fonds soumis au droit de marché ne relève pas d'une terre supérieure, ainsi que la censive.

Les ressemblances entre l'emphytéose et le droit de marché sont faciles à saisir.

En effet, ces tenures comportent toutes deux, moyennant un canon fixe, une jouissance perpétuelle, et les fonds qui y sont assujettis ne relèvent point d'une autre terre. Nous savons qu'il y avait dans l'emphytéose des deniers d'entrée qui rappellent l'intrade en usage dans le Santerre, etc.

Notons en passant la différence suivante: Dans l'emphytéose comme dans la censive, la redevance était d'ordinaire extrêmement modique, et nullement en proportion avec la valeur des biens soumis à ces tenu-res ; tandis que dans le droit de marché, comme dans le bail à rente, elle correspond mieux au revenu de l'immeuble. Mais les modes de constitution du droit de marché, admis en Santerre, surtout depuis le siècle dernier, ont fait naître entre ce droit et l'emphytéose des distinctions importantes.

Ces quelques rapprochements suffiront à montrer que les différentes tenures en usage autrefois durent servir de modèle pour l'établissement des règles du droit de marché.

III.

CONDITION DU DROIT DE MARCHÉ SOUS L'EMPIRE DU CODE CIVIL.

Ce n'est pas sans difficulté, nous l'avons montré, que l'on peut établir quelle devait être la situation du droit de marché sous l'ancienne législation. Mais il est plus facile de dire ce qu'elle est sous notre loi actuelle.

En effet, certains points sont aujourd'hui incontes-tables :

1° Si une terre libre est affermée purement et simple-ment, le fermier ne saurait prétendre au droit de mar-ché : ce genre de droit ne peut naître spontanément.

2° Selon notre loi actuelle, on ne peut créer de démem-brements perpétuels de la propriété au profit des personnes : l'établissement du droit de marché, même du commun accord des parties, est donc aujourd'hui impossible.

3° Si l'on admet que dans l'ancienne législation le droit de marché était un droit réel d'un genre particulier, ne reposant, il est vrai, sur aucun titre, mais sur la possession immémoriale, on ne peut plus le reconnaître aujourd'hui comme droit perpétuel, car il a été aboli par la loi des 18-29 décembre 1790, avec les locataires perpétuelles, censives, fiefs, emphytéoses perpétuelles et autres droits de ce genre.

4° Ce droit, aux termes de la même loi, est devenu rachetable.

Mais qui pourra le racheter ? le fermier, ou le propriétaire ?

5° C'est au fermier que la loi donne la faculté de rachat, c'est en ses mains que la propriété doit être affranchie.

Remarquons que les fermiers du Santerre ne se sont pas rachetés ; mais ils n'eussent pas négligé de le faire, si cela eût été possible ; et cela n'était pas possible, parce qu'ils n'avaient ni la propriété, ni le domaine utile du fonds qu'ils cultivaient ; en un mot, ils ne pouvaient être assimilés ni au débit-rentier, ni au censitaire, ni à l'emphytéote.

Pour nous, qui tenons le prétendu droit de marché pour un fait d'usurpation, cette question du rachat ne se pose point. Mais si un droit d'intrade a été payé, quelque parti que l'on prenne sur l'origine du droit de marché, plusieurs difficultés apparaissent encore aujourd'hui. Nous essaierons de les résoudre, mais non pas à la vérité sans une certaine défiance ; en effet, elles nous paraissent d'une solution délicate, et n'ont point encore été discutées, du moins à notre connaissance.

Rappelant notre hypothèse, nous supposons qu'un droit d'intrade a été payé, c'est-à-dire qu'un fermier, (choisi du bailleur lui-même pour cultiver une terre jusque-là non affermée, ou bien cessionnaire d'un précédent tenancier), s'oblige à acquitter le canon périodique convenu, et en outre, paie en entrant une certaine somme au propriétaire.

Comment ce fait peut-il s'expliquer ? Le propriétaire reçoit un prix, il doit donc fournir un équivalent. Mais quel est cet équivalent ? Ce ne peut être, à notre avis, que la promesse tacitement faite au preneur qu'il ne sera jamais expulsé, et (ce qui en est la conséquence), que le canon ne sera pas élevé (1). En d'autres termes, le bailleur s'engage à ne pas se comporter vis-à-vis du fermier comme le propriétaire d'une terre libre.

Nous ne pensons pas que l'on doive regarder l'intrade, comme le total des augmentations de fermages que le bailleur pourrait percevoir chaque année après un renouvellement de bail ; car souvent l'intrade est exigée par un propriétaire qui jusqu'alors n'avait pas affermé sa terre. Il n'est donc pas question dans ce cas

(1) En effet le preneur ne consentira à aucune augmentation de fermage, parce qu'il est assuré de conserver le champ qu'il cultive. Si cependant le canon s'élève, ce ne sera qu'insensiblement après de longues années et par la force des choses ; car un rapport au moins éloigné doit exister entre ce que l'on reçoit, et ce que l'on donne. Mais en dehors de cet accroissement minime, mais nécessaire, le fermage ne variera point.

d'élever le fermage. En outre, le même fermier pouvant prolonger indéfiniment sa jouissance, il s'en suit que le propriétaire en exigeant l'intrade ignorerait quel accroissement de fermage il obtient, car l'intrade répartie sur chaque année augmenterait le canon d'une fraction sans cesse variable, et qui deviendrait insignifiante au bout d'un laps de temps un peu prolongé.

On admettra facilement, peut-être, que l'intrade est une sorte de compensation réclamée par le propriétaire qui renonce à élever le canon. Mais c'est admettre implicitement notre explication ; car, en réalité, la fixité du canon est la conséquence de la perpétuité de la jouissance (1); on accepte celle-là parce que, bon gré mal gré, on consent à celle-ci.

Nous devons prévoir une autre objection. On nous opposera peut-être, que d'ordinaire les baux interdisent la substitution d'un fermier à un autre, et que pour y parvenir, le preneur cédant achète le consentement du propriétaire moyennant le paiement de l'intrade.

Nous répondrons que si l'intrade n'était que le prix du consentement du bailleur à une cession interdite par les conventions, on ne verrait pas comment on signale le paiement de cette somme, comme un des avantages *spéciaux* que le droit de marché procure au propriétaire. Qu'importe que la terre de celui-ci soit grevée ou non de droit de marché? Ne peut-il pas toujours imposer telle condition que bon lui semble à la violation d'une clause qui lie son fermier ? Et ce faisant,

(1) Voir page 126, note 1.

il ne reçoit point de faveur du droit de marché. Cependant l'on prétend qu'il en accepte une en percevant l'intrade.

Ainsi nous voyons dans le discours de M. Saudbreuil, p. 41, que l'auteur d'un ancien mémoire sur le droit de marché, un sieur Golief de Saint-Quentin n'hésite pas à dire : « Quels avantages ce droit n'offre-t-il pas au propriétaire..... Si un malheur rend un ancien fermier insolvable, il présente un cessionnaire qui paie le fermage à sa place et, de plus, 25 francs de droit d'entrée par septier de terre à toutes soles. »

Dans le même sens, au chapitre iv de son étude déjà citée, M. G*** fait valoir aux adversaires du droit de marché, qu'une intrade est payée quand le fermier cède son droit, ou quand le propriétaire afferme la terre qu'il cultivait, ce qui lui procure immédiatement et indépendamment du fermage un droit équivalent à la dépréciation que va subir son champ.

Enfin M. Saudbreuil (*op. cit.*) rapporte que dans le Santerre on reproche aux propriétaires de garder l'intrade quand ils ont expulsé leur fermier. Il est certain qu'on ne leur en ferait pas grief, si l'intrade n'était point précisément le prix de la promesse faite au preneur de ne pas l'expulser.

Mais l'expression « *Intrade* » *particulière*, en Picardie, au droit de marché, semble même devoir indiquer un usage *particulier* aussi à ce droit. (Les mots ne nous conduisent-ils point parfois à la réalité ?) Nous signalons cette remarque, sans nous en exagérer la portée. Toutefois, dans l'opinion que nous proposons, elle présente pour l'esprit un aspect satisfaisant.

Nous venons de le voir, il est difficile d'admettre que l'intrade soit seulement payée au propriétaire pour lui faire agréer une substitution de fermier défendue, par hypothèse. Mais il est des cas où cette explication devient tout à fait inadmissible. Il suffit de supposer que le propriétaire afferme lui-même sa terre au preneur et perçoit alors une intrade. Il ne peut plus être question de substitution d'un tenancier à un autre, d'agrément facultatif du nouveau fermier par le propriétaire, puisque ce dernier choisit ici lui-même son preneur.

Si, comme nous le croyons, l'intrade est le prix d'un engagement nul (ne jamais expulser le fermier ou ses ayant cause), cette somme est payée sans cause, ou plus exactement, en vertu d'une cause illégale. Dès lors elle peut être répétée par celui qui l'a acquittée. Mais remarquons qu'en la payant le fermier a acquis seulement un droit de créance contre le bailleur, et non pas un droit réel emportant droit de suite sur l'immeuble affermé. Si donc il est expulsé par celui qui a reçu l'intrade, il recourt contre lui, non point parce qu'il est propriétaire de l'immeuble, mais parce qu'il a reçu le prix d'un engagement nul et qui devait donc rester sans effet.

Ici une nouvelle question apparaît : le fermier pour contraindre le bailleur qui l'expulse à la restitution de l'intrade, peut-il invoquer le droit de rétention? Je devais moi et mes successeurs, dira-t-il, conserver indéfiniment votre terre ; vous me l'avez promis moyennant une intrade que j'ai payée; vous me chassez, vous êtes donc obligé de me rendre la somme que je vous ai versée. Si vous voulez que j'exécute mon obligation, exécutez la vôtre. Mais si vous vous y refusez, je me maintiens sur votre champ.

Nous avons vu en étudiant les droits du preneur, que la loi, se bornant à statuer sur quelques cas particuliers, n'édicte nulle part ses règles sur le droit de rétention. Dès lors les interprètes les formulèrent eux-mêmes, mais de diverses manières. A quelque opinion que l'on se rallie, nous ne pensons pas que le droit de rétention puisse être invoqué dans l'espèce.

Ainsi, certains auteurs ne l'accordent que si un texte de loi les y autorise. Or tout texte nous fait ici défaut.

D'autres jurisconsultes exigent les conditions suivantes : La réciprocité de deux obligations relatives à un même objet, et une cause commune d'où découlent ces obligations. C'est au fond une application de l'article 1184. Cette disposition du Code civil permet à chacune des parties engagées dans un contrat synallagmatique de ne point exécuter son engagement, quand l'autre partie se refuse à exécuter l'obligation corrélative qu'elle a contractée.

Telle n'est point la situation qui nous occupe. En effet, le propriétaire prétend expulser le preneur dont le bail est expiré; le preneur, de son côté, réclame au propriétaire la restitution d'une somme payée en vertu d'une cause illégale. L'obligation du propriétaire n'est donc pas corrélative à celle du preneur, l'inaccomplissement de la première ne commande pas l'inexécution de la seconde, car l'une n'est pas la contre-partie de l'autre.

En outre ces obligations n'ont point une cause commune; le bailleur qui expulse le fermier ne viole pas une clause tacite du bail, puisque cet engagement tacite que l'on invoque est *nul*. Mais au contraire, le fermier qui refuse de déguerpir viole le contrat de bail. Si le propriétaire restitue l'intrade ce n'est pas en vertu du contrat qui le lie vis-à-vis du fermier, mais bien parce qu'il a reçu le prix d'un engagement inefficace ; agir autrement serait s'enrichir aux dépens d'autrui. Et la preuve que le propriétaire n'est pas obligé de restituer l'intrade parce qu'il méconnaît l'obligation tacite de ne pas expulser le preneur, c'est qu'il pourrait y être contraint, encore que cette promesse fût respectée. En effet, avant même qu'il soit question d'expulsion, qui empêcherait le fermier de répéter le prix d'un engagement incapable de former aucun lien de droit et demeurant par suite de nul effet?

Les obligations de déguerpir pour le tenancier, de rendre l'intrade pour le bailleur, sont indépendantes l'une de l'autre ; elles naissent de causes différentes ; donc dans l'opinion que nous rapportons, la restitution de l'intrade ne sera point garantie par le droit de rétention.

Elle ne le sera pas davantage dans le système le plus large, qui accorde ce droit par cela seul qu'il y a connexité entre la dette et la chose retenue, *débitum cum re junctum*, comme l'on dit en doctrine. La créance du rétenteur naît de la chose retenue, et c'est, le plus souvent, à raison d'impenses nécessaires ou utiles faites sur cette chose.

Le droit de rétention apparaît donc comme la sauvegarde du créancier qui resterait injustement à découvert en se dessaisissant de son gage. On ne peut certainement pas voir dans l'intrade réclamée le *débitum cum re junctum* dont nous parlions tout à l'heure. Comment trouver la valeur représentative de l'intrade dans l'immeuble retenu par le fermier ?

Quelque système que l'on adopte sur le droit de rétention, nous n'apercevons pas de juste motif d'en accorder le bénéfice au tenancier dans l'espèce qui nous préoccupe.

On ne peut du reste étendre ce droit qu'avec grande circonspection, puisqu'il touche de très-près aux priviléges.

Jusqu'ici nous avons mis le fermier en présence du propriétaire avec qui il a traité. Mais voici comment la situation peut se modifier et devra, dès lors, être réglée.

Le fermier est expulsé non point par le bailleur qui a perçu l'intrade, mais par un tiers acquéreur de l'immeuble affermé. Dans cette hypothèse, le preneur ne peut recourir contre ce dernier, ni comme détenteur de l'immeuble affermé, car ainsi que nous l'avons déjà montré, en acquittant l'intrade, le tenancier n'a acquis aucun droit réel, ni comme débiteur personnel, car le tiers acquéreur, dans l'espèce, n'a pris aucun engagement, et n'ayant rien reçu, n'a rien à restituer. Mais le fermier s'adressera à celui à qui il a payé l'intrade ou à ses successeurs universels.

Que l'on n'objecte pas que selon la théorie développée plus haut, sous l'article 1743 C. civ., le tiers acquéreur est associé aux obligations du bailleur, et qu'il doit supporter celle dont nous parlons comme tout autre.

En invoquant l'article 1743 on pourrait soutenir, que sous peine de diviser l'ensemble des clauses du bail, la promesse tacite faite par le bailleur au preneur, qu'il ne sera jamais expulsé, lie le tiers acquéreur ; mais il n'y a pas à se préoccuper de ce point, puisque l'engagement pris par le bailleur est nul. Il n'y a donc pas de ce chef transmission d'obligation possible.

Quant à l'obligation de restituer l'intrade, l'article 1743 ne peut en faire passer la charge sur la tête du tiers acquéreur, car elle ne naît pas du contrat de louage, mais de ce principe d'équité : que l'on ne saurait s'approprier une somme reçue sans cause ou en vertu d'une cause illégale. Celui qui l'a touchée peut seul être obligé à la restitution. Le tiers acquéreur, il est vrai, aura peut-être traité à des conditions favorables parce que la terre qu'il achetait était grevée de droit de marché, mais ce fait ne donne pas au fermier le droit de lui réclamer la restitution d'une intrade qu'il n'a pas reçue.

Le bailleur, s'il aliène son immeuble, fera donc sagement de prévoir cette situation avant de fixer le prix.

On ne nous reprochera pas de soutenir les prétentions exorbitantes des fermiers du Santerre, car : 1° Nous n'admettons pas qu'ils puissent rester en pos-

session des terres qu'ils cultivent, sans titre, et contre
le gré du propriétaire, un droit d'intrade eût-il été
payé.

2° Nous ne leur reconnaissons pas le droit de fixer
au propriétaire l'indemnité d'expulsion qu'il doit leur
allouer; ce qu'ils peuvent seulement réclamer, c'est
l'intrade qu'ils ont payée.

3° Cette action en restitution doit être dirigée non pas
contre le tiers détenteur de l'immeuble, mais contre
celui qui a perçu le droit *d'intrade*.

Ainsi que nous l'avons vu, le droit de marché jouit,
en fait, d'une existence certaine qui, en droit, lui fait
défaut. Quelle sera dès lors sa situation par rapport à
la loi fiscale?

Soutiendra-t-on qu'il faut l'exonérer de toute perception? Que le tarifer ce serait le reconnaître, lui donner
un titre à la protection des lois, permettre enfin aux
agents du fisc ce qui est interdit aux magistrats?

Avec l'Administration de l'Enregistrement nous pensons que, sans violer les règles de notre code civil, on
peut faire la part moins belle au droit de marché et ne
point l'exempter des charges de l'impôt.

Il est de principe en effet, 1° que tout droit constaté
dans un acte est soumis à une perception, 2° que le fisc
qui le frappe n'en garantit ni l'existence, ni l'importance; il laisse aux parties la responsabilité de leurs
déclarations.

Si l'on fait apparaître, aux préposés du trésor, le
droit de marché, comme faisant partie d'un patrimoine
quelconque, ils le tarifent selon la valeur qui lui est

assignée. Mais là se borne leur mission; ils ne sauraient aller plus loin sans dépasser leurs attributions.

Cependant, il se peut que le droit de marché profite de sa situation tout irrégulière que nous signalions plus haut. En effet, il échappera à l'impôt, si personne ne le révèle aux employés du fisc. Car ceux-ci ne pourront chercher à établir qu'on l'a dissimulé, et qu'on devait le soumettre à la formalité de l'enregistrement; sinon, ce serait reconnaître implicitement ce droit que la loi méconnaît. Il leur manque une déclaration sur la foi de laquelle ils puissent se reposer. Nous dirons donc avec M. Garnier (*Rep. de l'enregistrement* t. 1, v° *bail*, p. 791, n° 2960, édition 1874): « Comme le droit de marché n'a aucune existence juridique, l'administration ne saurait évidemment soumettre à l'enregistrement ni les cessions verbales opérées entre vifs, ni les mutations par décès, encore bien que ces dernières résultent d'un legs. » Mais nous n'ajouterions pas avec cet auteur: « Pour qu'il en fût autrement il faudrait établir la réalité même du droit transmis, cette justification est impossible» et encore: « Le droit de marché sur la transmission de la propriété, au point de vue fiscal, a une influence différente selon *la nature* des mutations. »

Ainsi la cession a été verbale, la mutation a eu lieu par décès, la régie ne peut réclamer l'impôt. Nous acceptons donc la solution de M. Garnier, mais non pas le motif qu'il en donne. A notre avis s'il n'y a pas lieu à perception, ce n'est point parce qu'il est impossible d'établir l'existence juridique du droit de marché (elle importe peu au fisc quand il est en présence d'une déclaration) mais précisément, parce que nous supposons, dans l'hypothèse d'une mutation par décès ou d'une cession verbale, que cette déclaration n'aura pas été faite. Si, par suite d'une prise de possession ou d'une reconnaissance formelle, le fermier affirme le droit qui lui est transmis, l'administratisn de l'enregistrement peut le poursuivre comme débiteur de l'État, quelle que soit *la nature* de la mutation opérée. Nous n'apercevons pas comment l'auteur du *Répertoire de l'enregistrement* nous contredirait : car il admet lui-même, (n° 2960 *in fine*), qu'au cas de mutation entre vifs, le fermier qui se présente comme nouveau titulaire d'un droit de marché doit acquitter l'impôt ; or, dans cette hypothèse, comme dans celle d'une mutation par décès, il est impossible de justifier de l'existence du droit transmis.

Si le droit de marché reconnu par le fermier tombe sous le coup de la loi fiscale, il importe de rechercher quel article du tarif lui est applicable. C'est le droit transmis et la nature de la mutation opérée qui le détermineront.

De cette dernière nous ne dirons rien ; son influence sur la perception ne pouvant amener ici de difficulté particulière. (Le tarif variera selon que la mutation aura lieu à titre onéreux ou à titre gratuit, et, au cas de mutation par décès, entre étrangers ou entre parents etc. On suivra à cet égard les règles ordinaires).

Demandons-nous seulement comment on doit consi-rer le droit de marché lorsqu'il convient de le tarifer

En pratique, on perçoit le droit de 1 %, applicable aux obligations et aux cessions de créances, conformé

ment à une solution de l'administration de l'enregistrement rendue le 19 octobre 1873, à propos d'une cession
de droit de marché à titre onéreux. D'autre part, nous
savons que dans certains bureaux c'est le droit de
0,20 °/₀ que l'on perçoit; le droit de marché est alors considéré comme un bail ordinaire. Ces différences vien-
draient-elles de ce que l'administration ne serait pas
entièrement fixée sur la ligne de conduite à suivre?
Nous préférerions croire qu'elles tiennent à la manière
dont les transmissions de droit de marché ont été présentées aux agents de l'enregistrement.

En effet, il se peut qu'elles aient lieu d'ordinaire,
dans certaines localités, sous une forme qui permettrait
de les confondre avec des cessions de créances : de là
application du droit de 1 °/₀ (art. 69, § 3, n° 3, loi du
22 frimaire an VII) ; il se peut aussi que, dans d'autres
localités, on les présente comme une sorte de sous-
location, de là l'application du droit de 0, 20 c. °/₀
(art. 69, § 1, n° 1, loi du 22 frimaire an VII, modifié par
l'art. 1ᵉʳ de la loi du 16 juin 1824).

A notre avis il ne faudrait appliquer ni le § 3, n° 3,
ni le § 1, n°1 (modifié) de l'article 69 de la loi du 22 frimaire an VII, mais bien le § 7, n° 2 (même article et
même loi) relatif aux baux d'une durée illimitée.

En effet, il n'est pas douteux qu'on doive en droit
fiscal, comme en droit civil s'attacher plutôt à l'intention des parties qu'aux termes, souvent impropres,
dont elles se servent ; et s'il est constant qu'elles entendent, l'une céder et l'autre acquérir un droit à la jouissance indéfinie d'un fonds de terre, il y a lieu d'appliquer

les article, paragraphe et numéro concernant les baux à durée illimitée.

Ce mode de perception serait rigoureux à la vérité pour les fermiers du Santerre, puisqu'il substituerait un droit de 4 % aux droits de 1 fr. ou de 0, 20 c. % qu'ils acquittent à l'État; mais il n'y a pas lieu de l'écarter pour cela, s'il est conforme aux principes du droit fiscal.

Nous ajouterons qu'il nous paraît fort équitable. Car c'est justice, que le trésor trouve dans les perceptions dont il frappe le droit de marché, une compensation aux pertes que lui fait subir cet usage. En Picardie, en effet, ce prétendu droit diminue d'une façon considérable, au profit des fermiers, la valeur vénale et la valeur locative des immeubles qu'il grève, et dès lors les droits d'enregistrement se trouvent réduits dans une proportion correspondante.

Depuis plusieurs années le droit de marché voit les limites de son domaine se restreindre ; mais il ne cède que lentement aux luttes qu'il soutient depuis si longtemps. Les tribunaux refusent de le reconnaître, et les propriétaires expulsent les fermiers. Mais le paysan picard se prétend victime de l'injustice. N'a-t-il pas acquis de ses deniers, reçu en dot, ou en partage de succession le droit dont on l'exproprie sans indemnité ? Le propriétaire n'a-t-il pas le plus souvent acheté sa terre à très-bas prix, précisément parce qu'elle était grevée du droit de marché qu'il confisque aux dépens du preneur ? Celui ci se prétend, dès lors, en droit de se faire justice à lui-même. Il se vengera à la première occasion qui se présentera. L'impunité lui est presque assurée, tant la justice aura peu de concours de la part des habitants du pays qui pourraient, mais ne veulent point, éclairer ses recherches. Le propriétaire ne trouvera pas à louer ses terres aux cultivateurs de la contrée ; et s'il fait venir un fermier étranger, ce dernier, objet de la malveillance générale, court risque de voir pendant plusieurs années ses récoltes incendiées. On s'expliquera maintenant comment on a pu voir des propriétaires préférer laisser leurs terres en friche, plutôt que de soutenir une telle lutte contre le droit de marché. « Car ce qui caractérise ce droit ce n'est pas l'ambition qu'il montre, c'est la coalition à l'aide de laquelle il en assure le succès au mépris des lois et des tribunaux. »

Les partisans de cet usage montrent qu'il y aurait injustice à ne signaler que les procédés violents auxquels il a donné lieu, sans faire remarquer ses heureux résultats. En effet, le canon est ordinairement régulièrement payé, et le propriétaire débarrassé du souci de se trouver un preneur ; de plus, il perçoit un droit d'*intrade* très-avantageux quand le fermier se donne un successeur ; et celui-là, assuré de recueillir le prix de ses sacrifices, n'épargnera pour son champ ni soins, ni dépenses.

Rappelons maintenant que nous nous étions réservé d'ajouter à la fin de notre étude une considération économique en faveur du droit personnel du preneur. Nous l'indiquerons en terminant :

Quand le législateur entend régler les rapports du

bailleur et du preneur, il doit éviter deux écueils : le premier, qui tendrait à mettre le fermier ou locataire sous la dépendance du propriétaire, à permettre, si l'on peut parler ainsi, l'exploitation de celui-ci par celui-là ; danger qui, suivant la marche actuelle des idées, paraît peu redoutable ;

Le second, qui laisserait au preneur le moyen d'effacer peu à peu à son profit la personne et les droits du propriétaire. — Quand le fermier a travaillé le sol pendant longtemps, il se laisserait peut-être facilement persuader qu'il n'a pas droit aux récoltes seulement, mais qu'il peut bien aussi prétendre à quelque chose de la propriété. Nous craindrions que la concession d'un droit réel au preneur, et les conséquences qu'il entraîne, ne vinssent à favoriser dans l'esprit du fermier une confusion analogue à celle qu'y a introduite le droit de marché.

Nous signalons seulement ici un danger possible, sans nous prononcer sur l'opportunité qu'il y aurait à encourager l'usage des baux à long terme. Nous n'ignorons pas qu'ils présentent de sérieux avantages, et qu'un courant d'idées fort respectables tendrait à les remettre en faveur.

FIN.

TABLE DES MATIÈRES

APERÇU
sur le droit de marché en Santerre (Picardie)

CLERMONT-OISE. — IMPRIMERIE A. DAIX, RUE DE CONDÉ, 27.

www.ingramcontent.com/pod-product-compliance
Lightning Source LLC
Chambersburg PA
CBHW071855200326

41519CB00016B/4386